NATURE IS
A MATH TEACHER

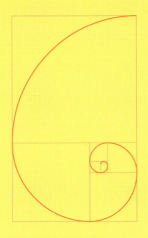

他太喜欢这条螺线了，

甚至要求将这条螺线刻到他的墓碑上，

并附言"纵使改变，依然故我"，

尽管后来工匠悲剧性地误刻成了阿基米德螺线。

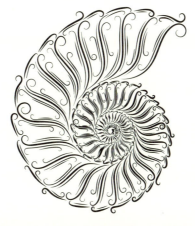

NATURE IS A MATH TEACHER

\+

大自然
是个数学老师

梁 进 著

长江出版传媒 | 长江少年儿童出版社

序

写自然中的数学是一个非常困难的任务。数学研究实际上就是从人们观察大自然起步的。大自然太伟大，几千年来人们一直不懈地努力，至今也只能认识清楚其中之万一，而浩如烟海的绝大部分仍然不知所以。其间为了探索大自然，数学作为一门基础的科学学科奋力发展，有了长足的进步，在许多方面大显身手。现在很多前沿的科学研究都运用了大量的高等数学原理和最新的数学成果，同时也提出了很多新的数学研究课题。要进一步深入了解大自然，没有数学作为装备，几乎是不可能的。但数学一向以"艰深难懂"的形象示众，让普通百姓望而却步。当然，这不等于就可以找理由回避数学科普。因为要打开大自然的大门，数学就是一把钥匙。而提高全民的科学水平，需要让更多的人掌握这把钥匙。

我认识这本书的作者梁进教授很多年，知道她是一位在数学领域有所建树的数学工作者，发表了许多高质量的数学研究论文。近几年，她更是在数学科普领域崭露头角，努力填补着数学科普领域的巨大空白，她深入浅出的科普能力有目共睹。我欣慰地看到她在这本书中做了一个很好的探求。综观全书，为了便于普通读者阅读理解，梁进教授并没有苛求数学推导的严密繁复，也不强求人们认识的完整成熟，而是从一些有意思的角度出发，讲一些好玩的故事，带读者一起发现大自然的美和数学的巧，从而还原数学和自然的关系。在书中，梁进教授还向读者介绍了一些简单的数学模型，让大家了解数学是如何在实际中应用的，从而在这个过程中进一步体会数学思想。

我多年从事微积分的科普教育工作，致力于用浅显的语言让大众明白微积分的深刻含义。我发现，从大自然的角度去诠释微积分是一条非常"亲民"和"普适"的路径。在这本书里,梁进教授用不少篇幅讲了大自然中的微积分,和我的想法不谋而合,让我很是赞赏。

诚然,大自然中的数学是不可能在一本书里说清楚说完整的。希望读者朋友们以此书为契机,揭开数学的神秘面纱,在自然中理解数学,运用数学知识解读大自然。

林 群

2020年3月

目录

写在前面

受杨虚杰老师之邀以"自然中的数学密码"为主题写一本书时，就知道接了一个几乎不可能完成的任务。虽说数学研究实际上就是从人们观察大自然起步的，但大自然太伟大了，千百年来人们的研究探索也只能认识了解其中的一点点。当然，几千年间数学也在发展，在大自然中的显影已浩如烟海。同时，数学也变得越来越抽象，以至于在大众心目中确立了不可动摇的"恐龙"地位。"大自然中的数学"是不可能在一本书里说清楚、说完整的。然而，这不等于就可以找理由不去在科普中说数学。事实上，现在很多前沿的科学研究越来越多地应用到基础的和前沿的数学成果，同时也给数学开创了许多新的分支并提出了大量新的课题。所以科普数学是很有意义的事。于是我想不强求数学推导的严密和认识的完整，而从一些有意思的角度，讲一些我熟悉的故事，带读者一起发现如何应用数学去欣赏、解读大自然的美丽和奥妙，从而还原数学和自然的关系——哪怕只有一点点。同时向读者介绍一些简单的数学模型，让大家了解数学是如何在实际中应用的。

杨虚杰老师希望我把主要读者放在青少年这个群体，让我有点踌躇，我怕中间涉及的数学公式吓退一部分读者，但杨虚杰老师鼓励我，今天的青少年思想活跃、知识丰富，勇于挑战。他们已经学习了很多数学知识，较弱的可能就是了解数学和其他领域包括大自然之间的联系。这本书或许可以给他们打开一扇门，连通一条路，让他们更喜欢数学。而我长期进行应用数学的研究，我常对学生们说：解决实际问题就像用武功征服对手，数学理论是内功，数学学科是武器，数学方法是招式。学习数学就像修炼内功，学习数学方法就像练招式。武功达到一定水平，以后就可以解决问题。对于具体问题，内功越强越有利，当然也要会使招，并知道如何见招拆招，化解问题。希望我的经验可以帮到热爱数学的读者。

鉴于如上的考虑，本书分为A、B两篇。A篇主要展示大自然中比较容易直接感受到的数学美，B篇需要一点数学工具，以此剥开一些自然之谜的坚硬外壳，让我们更多地理解自然。在B篇里用到不少数学推理和数学公式，对于有数学基础的读者来说，应该可以读下去。如果读起来有困难，小伙伴们不妨体验一下数学是怎样和自然对话的，说不定会激发你们深入学习数学的兴趣，那样的话，我就会大喜过望了。

但总体来说，为了不让读者感到压力，本书尽量不涉及复杂的数学知识。希望这本书可以成为一块引玉之砖。伟大如牛顿者，对于广袤的大自然也曾感叹："我好像是一个在海边玩耍的孩子，不时为拾到比通常更光滑的石子或更美丽的贝壳而欢欣鼓舞，而展现在我面前的是完全未探明的真理之海。"我不奢望这本书可以给读者带来足够的石子和贝壳，却更希望激起读者的兴趣和豪情去寻找更多闪亮的石子和贝壳。

总之，通过这些努力，希望大家和我一起喜欢数学，热爱自然。

A篇
大自然拥有一支数学画笔

白日依山尽，黄河入海流。

欲穷千里目，更上一层楼。

————［唐］王之涣《登鹳雀楼》

美丽的大自然是人类赖以生存的摇篮，

大自然给人类以馈赠，同时也展示了其优美、辉煌的一面。

大自然更是一支神奇的数学画笔，

给我们描绘了千姿百态的数学图画。

直线、圆和多边形的几何故事

单车欲问边，属国过居延。征蓬出汉塞，归雁入胡天。

大漠孤烟直，长河落日圆。萧关逢候骑，都护在燕然。

——［唐］王维《使至塞上》

简洁的几何形状在大自然中随处可见。鬼斧神工，简约美丽。

直线是最基本的几何形状之一，两点决定一条直线，**两点之间直线距离最短是欧几里得几何的基础。**大自然当然不会放过直线，包括平行线、射线等。

海岸线、天际线与光线：天边和海岸，射线可相交？
困扰平行论，非欧是小妖。

海边日出

枯树：枯木逢春过，荒芜记前寻。风华多少事，只剩线直林。

美国黄石公园颜料锅（Fountain Paint Pot），作者摄

　　圆在三维空间中是球体，这是最常见的几何形状。从宏观上看，地球是圆的，太阳是圆的，月亮也是圆的，事实上大多数星体都是圆的。我小时候就一直好奇，为什么自然界有这么多圆？我常常拿着一个苹果舍不得吃，在手中转啊转，想着为什么苹果不长成个方的？最后终于得出一个结论，如果苹果是方的，边角最容易受伤，或者被虫吃掉，大概最后还是变成圆的更好吧。**后来才明白这是因为圆在数学上是最有效的形状**，同样的表面积，圆包含的体积最大。天体在运行和旋转中，形体被越"磨"越圆。然而圆和一个无理数 ϖ 连在一起，这个无理数挑战着古代数学家的智慧，直到人们用极限的方法去逼近它。

　　宇宙中的天体大都是球形或椭球形的，这是因为在其旋转和运行中有大自然之手的"雕塑"。我们最熟悉的太阳、月亮和"我们的地球"皆如此。

日落：天挂大金球，沉沉坠落溜；离别难咽苦，灿烂晚辉怡。

日落，作者摄   十五的月亮，作者摄

在自然形态中，我们也处处看到圆和圆弧的踪影，到处都有圆的礼赞。

最美而又常见的自然现象是天空中排列着红橙黄绿青蓝紫的彩虹。圆弧形的彩虹有时被称为"佛光"，即一个七彩光环，这是一种"日晕"。物理学认为，当阳光照在云雾表面，经过衍射和漫反射作用，云彩中细小冰晶与水滴就会形成独特的圆圈状彩虹，从而形成"佛光"的自然奇观。同时阳光也将人影投射到云彩上，所以在"佛光"中常常可以看见人影，而且人影随着人而动，变幻奇妙。但其形成过程有阳光、地形和云海等众多自然因素，比较罕见，因此长时间以来人们往往对此赋予宗教的含义。除此，有时候可以在飞机上见到云海上面镶嵌着一个彩虹环，美极了。

佛光：仙子手中视，描圆太诡瑰；衍周多七彩，伯内聚神辉。

距洪都拉斯伯利兹市约97千米的海域（西经87°32′03.75″，北纬17°18′55.03″）有一处叫作"蓝洞"的水下坑洞，被称为洪都拉斯蓝洞，它是全世界最大的水下洞穴，为世界十大地质奇迹之一。这个大洞直径为300多米，洞内水深140多米，是冰川时期末期形成的一个石灰石坑洞，坑洞的形状为几乎完美的圆形。在冰川时期，蓝洞曾是一个干燥的洞穴系统的入口，后来海水上升，洞顶随之塌陷，洞穴被水淹没，遂变成水下洞穴。由于水深100多米，所以它呈深蓝色。如今，蓝洞因海绵、梭鱼、珊瑚、天使鱼，以及一群常在洞边巡逻的鲨鱼而闻名于世，还成为众多勇敢的潜水爱好者的潜水圣地。

蓝洞：都知山有洞，今晓水窟窿。谁用何神器，深蓝一点通。

洪都拉斯蓝洞

　　"撒哈拉之眼"位于撒哈拉大沙漠西南部毛里塔尼亚境内，直径达48千米。其又被称为"理查特结构"，是地球十大地质奇迹之一。最初人们以为是陨石落到地面形成的，后来有地质学家认为它是地面隆起并受到侵蚀的产物。

圆形沙眼：沙盘来演练，凝固暴旋风，怒眼开天问，圆睁独目瞳。

撒哈拉之眼

　　在重庆市奉节县境内，有个世界上最大的天坑：小寨天坑（北纬30°44′23″，东经109°29′）。天坑在地理学上叫岩溶漏斗地貌，是由地下暗河长期冲击碳酸盐岩地层，引起岩层塌陷而形成的地质奇观，是喀斯特地貌的重要特征，也是构成地球第四纪演化史的重要例证。小寨天坑就是这种地质现象的代表。它看上去是几座山峰间凹下去的一个椭圆形大漏斗，深666.2米，坑口直径622米。这奇特的自然现象吸引了众多游客，已经成为一大旅游景点。

天坑：藏密磊石间，天坑是妙渊，探深不见底，开口却无言。

小寨天坑

在大自然中，果实大都是球形或椭球形的。

蔬果：盈盈皆饱满，果果沂丰收，果实一生录，精华集聚球。

成熟的果实，顺时针：洋葱、青枣、珊瑚樱、西瓜、桂圆、油桃、橙子，部分图片由作者摄

不仅果实，很多花、叶和植物体的形态也是圆形、球形、扇形和柱形的。

顺时针：仙人球、睡莲、竹子、甘蓝、观赏葱，部分图片由作者摄

动物的卵也大都是椭球形的。

澳大利亚博物馆的鸟卵展示，作者摄

　　虽然天体大都是球形，但在地球上见到的球形岩石不多，不过还是有的。有的大岩石还包含小岩石，真是有趣。

　　圆台圆柱形的礁石、崖体、山脉也不难见到。

海南圆台石：南海风光好，仙人会聚餐，圆台为供案，虾蟹跳神坛。

海南圆台石，作者摄

梯台岛：
独立海湾滨，
远期盼返人，
时间熬久苦，
化固岛梯魂。

英国敦巴梯台岛，作者摄

柱形崖：
擎天数炷香，
挺立石崖尊，
山里藏何宝，
芝麻可打门？

玄武岩节理，北爱尔兰巨人之路，作者摄

广西山脉：天庭开盛宴，仙食各成圈，不慎人间落，山民享富年。

广西圆柱山，作者摄

除了圆形，多边形和其他形状的岩石虽不多见，但在特定的条件下还是可以生成的。虽然岩石很难自然形成以稳定性著称的三角形。不过，有些动物的身体部分却是三角形的，如剧毒的五步蛇头部，鱼的头和鳍，鸟的嘴和翼等。

顺时针：鱼、蛇、海鸟

方形山顶：从不学滑混，持则更矩方，便藏群岭里，傲视水云旁。

方形山顶

六边形岩石：海水真灵巧，雕石踏浪行，龙王当问遍，谁喜六边形？

玄武岩，韩国济州岛，作者摄

金字塔岛：如同金字塔，孤立水当中，遥对前埃及，飞时过越空。

位于美国内华达州金字塔湖里的金字塔岛

　　现在网络盛行，而网的起源却来自一个小昆虫：蜘蛛。蜘蛛结的"八卦"网，既复杂又非常美丽，这种层层展开的多边形的几何图案，即使人用直尺和圆规也很难画出如蜘蛛网那样匀称的结构。**几乎所有的蜘蛛都能创造出近乎完美的同心网，其具有近似相等的径向支撑，并且是从内向外呈螺旋形。**一些科学家认为，这种类似天体的蜘蛛网是为提高强度而建造的，径向对称有助于在猎物与蜘蛛网接触时均匀地分布冲击力，减少裂痕。当对这个美丽的结构用数学进行分析时，出现在蜘蛛网上的概念真是惊人——半径、弦、平行线段、三角形、全等对应角、对数螺线、悬链线和超越线。

蜘蛛网：蜘蛛丝用巧，经纬布天罗，横纵沿标坐，凌空捕食多。

蜘蛛网

人们从蜘蛛网得到的启示还远不止于此，法国哲学家、数学家和科学家**笛卡儿**（René Descartes，1596—1650）**从蛛网得到启示，发明了数学中的直角坐标系。**在经济学中，蛛网模型就是用于市场均衡动态分析的一种理论模型。

长江三角洲是长江入海之前形成的冲积平原，也是中国第一大经济区，中央政府定位的中国综合实力最强的经济中心、亚太地区重要国际门户、全球重要的先进制造业基地、中国率先跻身世界级城市群的地区。

长江三角洲：
冲积大平原，
江南有宝洲。
滨临三角地，
扬子美名留。

长江三角洲

百慕大三角，亦称魔鬼三角。这是一个隐藏在海洋中的三角区域，以神秘莫测著名。百慕大三角区地处北美佛罗里达半岛东南部，具体是指由百慕大群岛、美国佛罗里达州的迈阿密和波多黎各的圣胡安三点连线形成的一个北大西洋西部三角地带，每边长约2000千米。由于这片海域常发生人们用现有的科学技术手段，或按照正常的思维逻辑及推理方式难以解释的超常现象，因而到了近现代，它已成为那些神秘的、不可理解的各种失踪事件的代名词。

百慕大三角：
诡奇三角带，
灾难一桩桩，
问遍天和海，
唯云应浪茫。

百慕大三角区

在化学世界里，很多物质的结构是几何的。

澳大利亚博物馆展出的矿石，作者摄

分子是物质中能够独立存在的相对稳定并保持该物质化学特性的最小单元。分子由原子构成，原子通过一定的作用力，以一定的次序和排列方式结合成分子。以水分子为例，保持水分子特性的最小单元是由两个氢原子和一个氧原子构成的一个水分子（H_2O）。

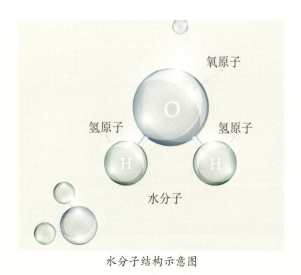

氧原子

氢原子　　　　氢原子

水分子

水分子结构示意图

分子结构是用来描述分子中原子的数目及其排列方式的简化模型。分子结构决定化学物质的反应性、极性、颜色、磁性和生物活性等。

天然矿石呈现给人类的是各种美丽的晶体。

矿石：石头多彩炫，菱面闪莹光，数面生成体，结晶构造强。

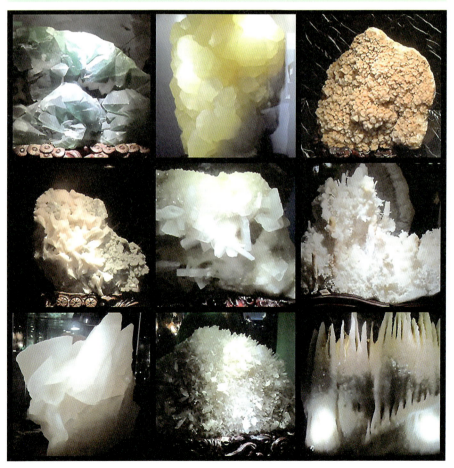

顺时针：萤石、方解石、水晶与方解石共生、文石、钟乳状方解石、重晶石与水晶共生、蟹片状方解石、含锰方解石、重晶石与水晶共生　中国地质博物馆，作者摄

　　碳是化学元素中非常特殊的一个。碳原子之间可以通过不同的成键方式形成同素异形体。这些同素异形体分别对应截然不同的几何结构，其物理性质差异巨大。著名的石墨烯、C_{60}、金刚石和石墨就是其中的代表。

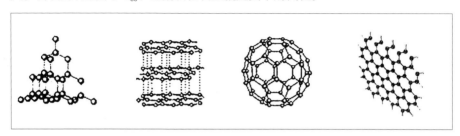

碳的四种结构示意图，从左到右：金刚石、石墨、C_{60}、石墨烯

　　金刚石，俗称"金刚钻"，晶莹美丽，光彩夺目，是自然界中天然存在的最硬的物质。金刚石呈正四面体空间网状立体结构，碳原子之间形成共价单键。石墨乌黑柔软，是世界上最软的矿物。石墨是片层状结构，层内碳原子排列成平面六边形，每个碳原子以三个共价键与其他碳原子结合，同层中的离域电子可以在整层活动，层间碳原子以分子间作用力相结合。从上面的结构可以看出，三角形结构（四面体）的稳定性和平层形的可塑性是导致其性质特异的根本原因。1985年，美国得克萨斯州莱斯大学的科学家们制造出了第三种形式的单质碳C_{60}，C_{60}是由60个碳原子形成的封闭笼状分子，形似足球。每个碳原子与另外三个碳原子形成两个单键和一个双键，它们实际上是球形共轭烯。这种结构由于其独特的性质，受到了人们的重视，已广泛地应用到物理、化学、材料科学、生命及医药科学各领域。人们发现若将其他物质引入到该球体内部，就可以改变其物理和化学性质。例如加进某些金属，使之具有超导性，或加入某些药物使之成为缓释型的药物载体，进入人体的各个部位。C_{60}在单分子纳米电子器件等方面也有着广泛的应用前景。石墨烯，是异军突起的材料，其中单层石墨烯是指由一层以苯环结构（即六角形蜂巢结构）周期性紧密堆积的碳原子构成的一种二维碳材料。这种材料极薄，有着非常优异的光学、电学、力学特性，在材料学、微纳加工、能源、生物医学和药物传递以及移动

设备、太阳能电池等方面，具有光明璀璨的应用前景，被认为是一种具有未来革命性的材料。英国曼彻斯特大学物理学家安德烈·海姆（Andre Geim，1958— ）和康斯坦丁·诺沃肖洛夫（Konstantin Novoselov，1974— ），因用微机械剥离法成功从石墨中分离出石墨烯而共同获得2010年诺贝尔物理学奖。

美国自然博物馆展出的著名钻石饰品，作者摄

食盐的晶体呈正六面体，也就是我们所说的立方体。黄金和明矾呈正八面体。

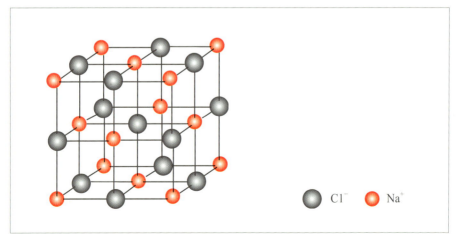

食盐晶体

　　事实上人们早就知道正多面体只有五种：正四面体、正六面体、正八面体、正十二面体和正二十面体。古希腊人称其为"柏拉图体"。

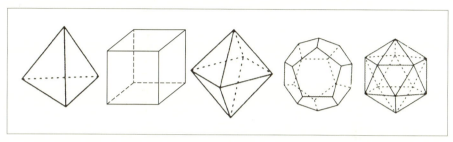

正多面体

　　大数学家欧拉（Leonhard Euler，1707—1783）对数学的研究极为广泛，因此在许多数学的分支中可经常见到以他的名字命名的重要常数、公式和定理。其中关于多面体有个著名的欧拉公式：

$$F+V-E=2,$$

这里F是多面体的面数，V为其顶点数，E为其棱边数。通过这个公式，可以证明正多面体只有上述五种。

欧拉

　　有些病毒的结构也是多面体结构，不过它们还长着许多向外的触角。

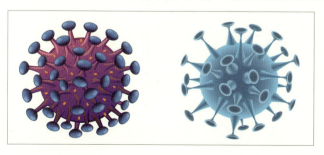

艾滋病病毒（左）
新型冠状病毒（右）

　　关于结构数学，还有镶嵌。镶嵌本是一个非常数学的概念，什么样的图形可以无缝镶嵌并铺满整个空间一直是数学家们感兴趣的话题。这里一定要提一位著名的数学物理学家彭罗斯（Roger Penrose，1931—　）。他除了对数学物理的重大贡献，在几何结构上有个彭罗斯拼图，这个拼图在著名电影《盗梦空间》里多次出现。一般几何拼图要具有一定的对称性和周期性，还要用几种不同形状的拼图元素才可贴满整个平面。1974年，彭罗斯发现了只有两个形状的拼图元素可以旋转对称无周期地贴满整个平面，这种拼图就是彭罗斯拼图。后来发现这种形状在准晶体的原子排列中可以找到。准晶体的五重对称性就是这种镶嵌的三维体现。彭罗斯猜测到，准晶体的生长的神经元的行为既涉及单引力子判据又涉及量子引力的非定域性。1982年，以色列科学家丹尼尔·谢赫特曼（Daniel Shechtman，1941—　）在美国霍普金斯大学工作时发现了准晶体，这种新的结构因缺少空间周期性而不是晶体，但它展现的完美的长程有序又不像非晶体，这个事实给晶体学界带来了巨大的冲击，推翻了晶体学许多已建立的概念，从根本上改变了人们看待固体物质的方式。更有意思的是，科学家们后来证明，准晶体中原子间的距离也完全符合黄金分割率。为此谢赫特曼一人独享了2011年诺贝尔化学奖。

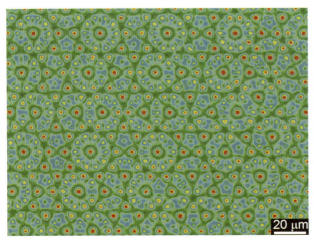

一种复杂金属合金的准晶体[①]

①图片来源：http://scienceasart.wordpress.com/tag/quasicrystal/

函数的传说自然早知晓

离离原上草，一岁一枯荣。野火烧不尽，春风吹又生。

远芳侵古道，晴翠接荒城。又送王孙去，萋萋满别情。

——［唐］白居易《赋得古原草送别》

听起来高大上的"函数"其实并不神秘，我们在大自然中处处可以看到函数的身姿。例如每天某地的平均气温，温度就是时间的函数，它反映了该地的平均温度与时间的变化关系。用刻板的数学话语说，所谓函数就是两个量之间的一种关系对应，当一个变量（自变量）变动时，另一个变量（因变量）有唯一值与之对应。在大学刚学函数时，我也是雾里看花，不明就里。有一天天气陡然变冷，数学老师偶然说了一句话："今天气温导数的负值真大！"一下点醒了我，原来气温关于时间的对应就是函数，其变化率就是导数。

由于不同的性质，函数还有很多分类，下面我们来看看大自然给我们的几个例子。

连续函数

连续函数在数学上有定义，定义要用到极限概念。一般理解可以顾名思义，也就是对应双方都连续的函数就是连续函数。例如时间上的温度函数和空间上的轨迹函数都是连续函数。

间断函数

间断函数就是不连续的函数，它具有间断点。

钟乳石：

上下几千载，

答答慢慢隆，

时间飙极限，

钟乳塑无穷。

间断·奇点——爱尔兰阿里维洞穴

断崖：直上还直下，无悠更不绵，急竦为本性，间断是其然。

截断·阶梯函数——爱尔兰马赫悬崖

对称函数

　　对称现象到处可见，到了数学这儿，给个名字就要定义。定义说：具有对称性的函数称为对称函数，对称函数可以关于点对称，也可以关于直线对称或者关于平面对称等。例如，如果 $f(x)$ 关于原点对称，则有 $f(-x)=-f(x)$，这种函数也叫奇函数；如果 $f(x)$ 关于直线 y 轴对称，则有 $f(-x)=f(x)$，这种函数

轴对称的叶片和昆虫，顺时针：十大功劳叶、鹅掌柴、蜻蜓、八角金盘、刺葵、七星瓢虫，部分作者摄

也叫偶函数。

　　大自然中有大量的对称现象，例如昆虫、兽类、鸟类、人体左右两边是关于对称面对称，有些植物花卉是关于旋转轴L对称等。**古希腊哲学家毕达哥拉斯曾说过**，"美的线形和其他一切美的形体都必须有对称形式"。

中心对称的花草，顺时针：蜘蛛兰、子持莲华、球菊、玫瑰、腊莲绣球、不夜城芦荟、黄山梅、红花酢浆草，作者摄

山河倒影：两侧互情偷，天云水上游，中轴为湖岸，相映共欢愁。

映像·对称，偶函数

　　日月升降，四季更替，潮起汐落，花叶盛谢。大自然中，有大量的周期现象，这种周期现象的数学表达就是周期函数。在数学上 $y=f(x)$ 被称为周期函数，是指若存在正数 k，使得当 x 取定义内的每一个值时，$f(x)=f(x\pm k)$，都成立，则称 $f(x)$ 为周期函数，k 称为 f 的一个周期。

　　很多自然周期现象在天文学中已解释清楚，例如年是地球绕太阳公转的周期，天是地球自转的周期；地球绕太阳旋转，轨道是椭圆形，太阳位于这个轨道的一个焦点上。驱动地球绕太阳旋转的原因就是牛顿的万有引力：

$$F = G\frac{m_1 m_2}{d^2},$$

这里 F 是万有引力，G 是引力常数，m_1、m_2 是引力物体的质量，d 是指两个物体之间的距离。

而太阳系里星球绕着太阳旋转的规律也是同样的道理。

四季：春夏又秋冬，年年数荣枯，季节轮换转，周始复开中。

春夏秋冬

美国黄石公园老忠实间歇泉（Old Faithful）是世界最著名的间歇泉。间歇期内，每次喷发时间4~5分钟。在以往的200年内一直保持着规律喷发，每小时一次喷射出约4.55万升水，水柱高度30~45米。

间歇泉：地球呼吸重，娱乐众游人，最赞称忠实，黄石定期喷。

美国黄石公园老忠实间隙喷泉（Old Faithful），作者摄

周期函数

最基本的周期函数就是正弦函数sin x 和余弦函数cos x，如下页图所示，这些函数也叫波动函数。

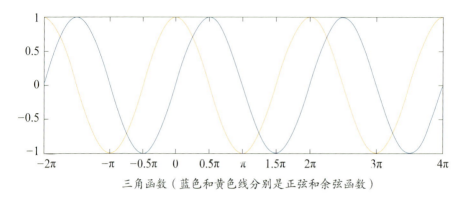

三角函数（蓝色和黄色线分别是正弦和余弦函数）

　　波在自然界一般有两种形式，横波和纵波。质点的振动方向和波前进方向垂直的波叫横波，如电磁波；质点的振动方向和波前进方向平行的波叫纵波，如声波。

水波：有起还有落，沿风送动波。浮游人世苦，也载世间歌。

水波，作者摄

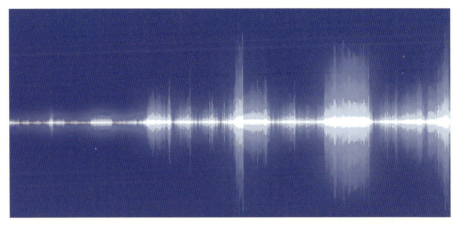

声波

函数族

函数里如果有参数，参数变化时，得到一族函数，这就是函数族。

沙漠线：条条函数线，点点轨辙符，大地轴标定，沙滩去绘图。

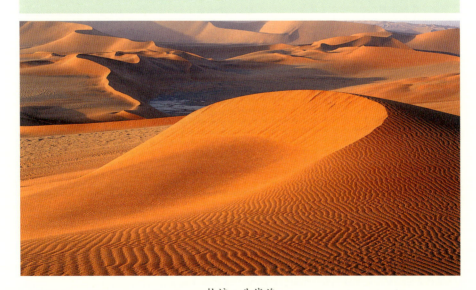

轨迹·曲线族

垂柳：悠悠柳枝条，悬落划空刀，可任参基线，能当纵坐标。

垂柳

神奇比例——黄金分割

大弦嘈嘈如急雨，小弦切切如私语。

嘈嘈切切错杂弹，大珠小珠落玉盘。

——［唐］白居易《琵琶行》

中国澳门2007年10月26日发行了《科学与科技——黄金比例》邮票（S092），全套四种，分别是：鹦鹉螺、彭罗斯镶嵌、向日葵螺线和斐波纳奇数列（曾经译为费波纳奇数列）的兔子版本。

澳门：《科学与技术——黄金比例》邮票

这套邮票举出了大自然中黄金分割的典型例子。在人体的比例、动物的结构上，以及植物的形状上都有呈现。黄金分割在自然界的案例被大量发现。

毕达哥拉斯

黄金分割是指将整体分为两部分，较大部分与整体部分的比值等于较小部分与较大部分的比值。这个比例被公认为是最能引起美感的比例，因此被称为黄金分割。传说有一天，古希腊数学家毕达哥拉斯（Pythagoras，前580至前570之间—约前500）在街上听到铁匠铺里的铁匠打铁的声音非常好听。善于动脑筋的他仔细倾听研究，发现了铁匠打铁的节奏比律。这个比律后被人们称为黄金分割比例，也被认为最早是由毕达哥拉斯发现，并在音乐中有广泛应用。后来古希腊数学家欧多克斯（Eudoxus，前408—前355）第一次对这个比例进行了系统研究，**其研究结果后被写进欧几里得的《几何原本》，成为最早有关黄金分割的论著**。这个比例后来更被天文学家开普勒（Johannes Kepler，1571—1630）称为神圣比例。 多年来，这个比例被公认为是最能引起美感的比例。有意思的是，这个似乎很主观的"人为"比例，在大自然中却是处处可见。

从一个简单线段的例子，我们容易用数学公式表示：

$$\frac{整体长度}{较长分段的长度}=\frac{较长分段的长度}{较短分段的长度}$$

如果用a表示较长分段的长度，b表示较短分段的长度，注意到整体长度$=a+b$，如示意图：

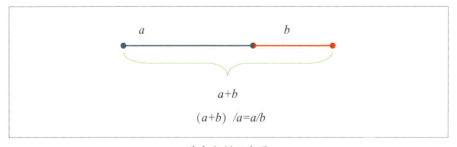

黄金分割示意图

如果a/b为u，b/a为v，那么$uv=1$，我们从上面的式子可以推出：

$$u^2-u-1=0$$

而用一元二次方程的求解方法，易得解$u_1=\frac{1+\sqrt{5}}{2}$，$u_2=\frac{1-\sqrt{5}}{2}$（舍去）。同样，

$$v^2+v-1=0$$

这个方程的根为 $v_1 = \dfrac{-1+\sqrt{5}}{2}$，$v_2 = \dfrac{-1-\sqrt{5}}{2}$（舍去）。

u 和 v 的正根都是无理数，而且它们互为倒数，其差的绝对值为1。它们的近似数分别为1.618和0.618。这就是黄金分割比例值的来历。它们还有更奇妙的表达方式如连分式：

$$\frac{1+\sqrt{5}}{2} = \cfrac{1}{\cfrac{1}{\cfrac{1}{1+\cdots}+1}+1}+1, \quad \frac{-1+\sqrt{5}}{2} = \cfrac{1}{\cfrac{1}{\cfrac{1}{1-\cdots}-1}-1}-1$$

以及连根式：

$$\frac{1+\sqrt{5}}{2} = \sqrt{1+\sqrt{1+\sqrt{1+\sqrt{1+\cdots}}}}, \quad \frac{-1+\sqrt{5}}{2} = \sqrt{1-\sqrt{1-\sqrt{1-\sqrt{1-\cdots}}}}$$

事实上，前后两个连分式可以表示成数列

$$\{a_n\},\{b_n\}, \quad a_{n+1} = \frac{1}{a_n}+1, \quad b_{n+1} = \frac{1}{b_n}-1,$$

而前后两个连根式也可表示成数列

$$\{c_n\},\{d_n\}, \quad c_{n+1} = \sqrt{1+c_n}, \quad d_{n+1} = \sqrt{1-d_n}.$$

对这四个递推式取 $n\to\infty$ 的极限，这些极限都存在并且满足上面 u 和 v 的方程，它们的正根分别是 $\dfrac{1+\sqrt{5}}{2}$ 和 $\dfrac{-1+\sqrt{5}}{2}$。

黄金三角形、黄金矩形和黄金角度

一个等腰三角形，如果两个底角是72°，即弧度2π/5，则我们叫它黄金三角形（见下页图中边长为1的正五边形里的土色三角形，其底为1，其腰为 L）。这个三角形的底腰比1/L=0.618。

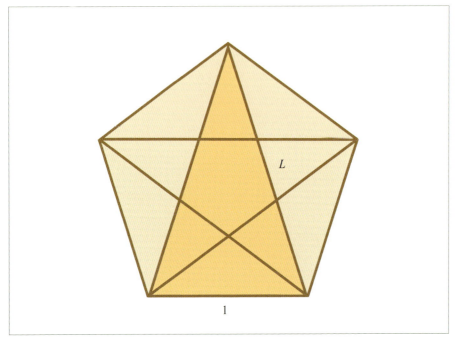

正五边形示意图

在正五边形、五角星中隐含着黄金三角形。

由正五边形里的三角形，我们可以得到$\cos(\pi/5)=L/2$。再由倍角公式，我们可以得到L满足的方程：

$$L^3-2L^2+1=0$$

显然，$L\neq1$，上面的等式两边除以$L-1$，我们又得到了上面那个关于u的一元二次方程，所以，黄金三角形的腰$L=1.618$，底腰比为$1/L=0.618$。这样的三角形在正五边形里和五角星里到处都可以找到。

在大自然中，长成五角星形的动植物也不少。

顺时针：鸡蛋花、琼花、阳桃、金丝桃、番木瓜、海星、巴西野牡丹，部分图片由作者摄

有些动物的头部长成了黄金三角形的模样，如鳄鱼。

鳄鱼标本　澳大利亚人博物馆，作者摄

长度和宽度的比例正好是黄金比例的矩形被称为黄金矩形。在大自然中具备黄金比例的生物很多。如蝴蝶的身长和翅宽比以及枫叶的长宽比。

蝴蝶和梧桐叶：
翩翩舞彩芬，
优雅御花巾，
宽矮黄金比，
谁知用剪人。

法国梧桐叶，蝴蝶，作者摄

　　圆周的角度是360°，那么360°×0.618≈222.5°，人们把360°−222.5°=137.5°称为黄金角度。在大自然的进化过程中，为了得到最充分的阳光、雨露和养分，植物的分叉、花叶的排列大都采用了这个角度排列，这也是最合理的排列方式。而按这个角度展开就是后面要提到的斐波纳奇螺线。

　　叶片按黄金角度分布无疑是要尽量避免互相遮蔽，争取得到最多的阳光。一般来说旋转一周回到原位叫一个周期，如果这个周期里的叶片按有理数角度排列，那么几周后上面的叶子就会完全遮挡下面的叶子。所以黄金角度一定是无理数，就是近似这个137.5°，这样叶子就可以层层叠叠，共享阳光。

> 野菊花：密宠野菊花，蜂惹更招蝶，光采当合理，缘由圣剪贴。

野菊花，作者摄

例如野菊花、车前草，叶柄基部呈螺旋式从根部向顶端分布着，且相邻两片叶子之间角度恰为137.5°。

车前草：车前生小草，路侧长平凡，叶片黄金角，舒开沐日酣。

车前草

　　除了叶片排列，树枝也不是随便分叉的。树的情况稍微复杂些，不同地区的树种为适应当地的特性，会有一些改变，例如密林里的树就要千方百计地长高以争取阳光。而一般平原地区的树，大都有个较大的树冠以获取阳光。但要形成树冠，树枝一定要分叉，科学家们发现，分叉点的分布也符合黄金角度。树干的直径等于同一高度的树枝束起来的总直径。至于分叉的结构和角度，受几个因素影响：分叉不能太小，这样不利于吸收阳光；也不能太大，这样会影响根部水分的传输，也不利于稳定及抵御强风。这个不大不小的角度对于大多数的树来说就是黄金角度。

樱花枝：杈丫还讲究，风里送繁芳。满树含期望，支撑最妥当。

樱花树杈

斐波纳奇数列

意大利数学家列昂纳多·毕萨诺，更为
人知的名字是斐波纳奇（Fibonacci，约1170—
1240），他发现了由递推定义的每项等于前两
项之和的著名的斐波纳奇数列：

斐波纳奇

0，1，1，2，3，5，8，13，21，
34，55，89，144，233，377，610，
987，1597，2584，4181，6765，10946，
17711，28657，46368，…

这个神奇的数列相邻两项后前相除所得的商随着项数的增大将趋近于
$\left(1+\sqrt{5}\right)/2$。斐波纳奇数列因此被称为黄金分割数列。

斐波纳奇数列是自然数的数列，通项公式却是含无理数的公式：

$$a_n = \frac{1}{\sqrt{5}}\left[\left(\frac{1+\sqrt{5}}{2}\right)^n - \left(\frac{1-\sqrt{5}}{2}\right)^n\right]$$（n是自然数）．

斐波纳奇数列有一个兔子版本：斐波纳奇养着一只神奇的兔子，这种兔子
一个月后长大，再过一个月就会产下一只小兔，如果这些兔子既不死亡，也不转
手，以后每个月他有多少只兔子？容易推算，如果记 F_n 为第 n 个月的兔子数，则
其满足

$$F_1 = F_2 = 1,\ F_{n+1} = F_n + F_{n-1},\ n \geqslant 2.$$

这神奇的兔子数增长正是按斐波纳奇数列规律得来的。当然，如果斐波纳奇
离开这个世界时不把这些兔子带走，那么，现在的天下将是兔子的天下。

　　还有我国著名的二项式平方展开系数的杨辉三角（也叫贾宪三角形），具体如下：

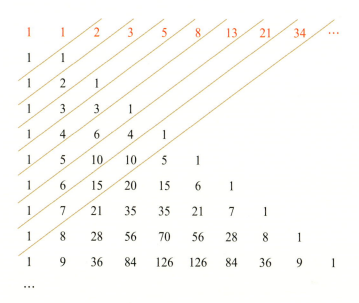

　　如果沿图示的斜角线顺序将数字加起来，得到的第一排的红色数列也是斐波纳奇数列。

　　就是斐波纳奇数列本身，其平方数列为：

　　1，1，4，9，25，64，169，441，1156，…

那么1+1=2，1+4=5，4+9=13，9+25=34，25+64=89，…仍然得到斐波纳奇数列!

　　再来看，如把前几项加起来：

　　1+1=2=1×2，

　　1+1+4=6=2×3，

　　1+1+4+9=15=3×5，

　　1+1+4+9+25=40=5×8，

$$1+1+4+9+25+64=104=8 \times 13,$$

......

居然得到斐波纳奇数列前后两数相乘！太神奇了！这个结果就隐含在下图形中。

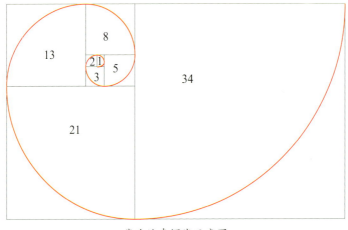

斐波纳奇螺线示意图

在平面上按斐波纳奇数列展开，得到的矩形就是黄金矩形，沿着黄金矩形的对角走，我们得到了一条漂亮的螺线，这条螺线叫对数螺线（也叫等角螺线），发现它的是法国数学家笛卡儿。瑞士著名的数学世家伯努利家族的雅科布·伯努利（Jakob Bernoulli，1654—1705）一直研究它，**他太喜欢这条螺线了，甚至要求将这条螺线刻到他的墓碑上，并附言"纵使改变，依然故我"（eadem mutata resurgo），尽管后来工匠悲剧性地误刻成了阿基米德螺线。**

事实上，植物的花瓣、树叶，如蓟、菊花、向日葵、松果、菠萝……都是按斐波纳奇数列规律生长的。其原因其实是自然的：这样的布局是植物生长的最优方式，能使其疏密得当，最充分地利用阳光和空气，在亿万年的进化过程中演变成了如今的模样。海洋软体动物鹦鹉螺也是按斐波纳奇数列规律生长的。

鹦鹉螺：神奇鹦鹉贝，腔室巧腾挪，旋转循章法，得名对数螺。

澳大利亚博物馆展出的各种海螺、海星，作者摄

菊石剖面图

　　数学名词"螺线"应该是从大自然的螺来的，有意思的是鹦鹉螺体上的螺线就是满足黄金螺线，即对数螺线。**邮票中的鹦鹉螺剖面，显示了一条清晰的横隔生长线，像旋转的楼梯，其外壳形成对数螺线：** 螺壳每向外转动90°，半径增长1.618倍；每向内转动90°，半径缩小到原来的0.618。

遵循斐波纳奇数列规律的花，依次为：火烛、马蹄莲、豌豆花、五桠果、虎皮花、千里光、瓜叶葵、勋章菊，作者摄

向日葵：奇异向阳葵，金丹灿叶围，斐波纳奇阵，子列是神观。

向日葵花盘排列，作者摄

大自然中，繁殖率高的植物为合理利用空间，花朵必须合理密集地排在一起，从而形成高度聚集的花序，增加群体效应，并使花序中的小花互相之间的影响减到最小，许多花的花瓣数是符合斐波纳奇数列规律的。特别是向日葵，它不仅是一种美丽的植物，更是一个数学奇迹。向日葵中心种子的排列图案符合斐波纳奇数列，这个数列以螺旋状从花盘中心体现出来。花盘上有两簇曲线向相反方向延展，从中心开始一直延伸到花瓣，花种排列沿着这两条曲线形成螺旋形。有研究证明，为了使花盘中的葵花籽数量达到最多，向日葵选择了最佳的黄金数字。花盘中央的螺旋角度恰好是黄金角度137.5°，而且精确度很高；其上的两组螺旋（每个方向各有一个）和葵花籽数量恰恰也符合了黄金分割规律；前面邮票中的葵花盘的两簇线分别是21条和34条，都是斐波纳奇数列的数字，科学家们曾做过模拟实验，这种排列的确最优。

　　1979年，英国科学家沃格尔用计算机模拟向日葵果实的排列方法，结果发现，若向日葵果实排列的发散角为137.3°，那花盘上的果实就会出现间隙，且只能看到一组顺时针方向的螺旋线；若发散角为137.6°，花盘上的果实也会出现间隙，会看到一组逆时针方向的螺旋线；只有当发散角等于137.5°时，花盘上的果实才呈现彼此紧密镶嵌、没有缝隙的两组反向螺旋线。这个模拟结果显示，只有选择137.5°的发散角排列模式，向日葵花盘上的果实排列分布才最多、最紧密和最匀称。

斐波纳奇螺线植物，顺时针：油棕、罗马花椰菜、鲁冰花、松果，部分图片由作者摄

　　油棕羽片、松果等也按黄金分割规律分布它们的枝叶和果实。晶体矿石的生长也符合黄金分割规律。

分形是大自然的绝妙笔法

> 莫笑农家腊酒浑，丰年留客足鸡豚。
>
> 山重水复疑无路，柳暗花明又一村。
>
> 　　　　——［宋］陆游《游山西村》

1967年，数学家芒德勃罗（Benoit B. Mandelbrot，1924—2010）在美国《科学》（*Science*）杂志上发表题为《英国的海岸线有多长》的论文，提出了分形的概念，以此来表达其具有不规则、支离破碎等意义，并创立了分形几何理论学科。**他告诉人们，英国的海岸线可以无限长，不可以用欧几里得几何度量。人们惊讶地发现，在大自然中分形几乎到处存在。**之后随着计算机的发展，分形成为一门热门的数学学科，并延伸到许多其他科学学科。

芒德勃罗

数学分形表达了具有以非整数维形式充填空间的形态特征，一般有以下特质：

· 任意小的尺度上都有精细结构；

· 不规则，难以用传统欧氏几何的语言来描述；

· 具有自相似形式；

· 一般地，其分形的豪斯多夫维数[①]会不等于拓扑维数；

[①]豪斯多夫维数又称为分形维数（fractional dimension），它是由数学家豪斯多夫（Felix Hausdorff，1868—1942）于1918年引入的。通过豪斯多夫维数可以给一个复杂的点集合比如分形（Fractal）赋予一个维度。对于简单的几何目标，比如线、长方形、长方体等，豪斯多夫维数等同于它们通常的几何维度或者说拓扑维度。通常来说一个物体的豪斯多夫维数不像拓扑维度一样总是一个自然数而可能会是一个非整的有理数或者无理数。

·在多数情况下有着简单的递归定义。

尽管分形思想的雏形自古有之，1895年，魏尔斯特拉斯（Karl Weierstrass，1815—1897）创造了具有"处处连续，点点不可微"性质的被誉为分形鼻祖的曲线，其函数的表达形式为：

$$f(x) = \sum_{n=0}^{\infty} a^n \cos(b^n \pi x).$$

随后豪斯多夫维数是$\ln^4/\ln^3 \approx 1.262$的科克曲线（Koch curve）和豪斯多夫维数是$\ln^3/\ln^2 \approx 1.585$的谢尔宾斯基三角形（Sierpinski triangle）分别于1904年和1915年被瑞典数学家科克（Helge von Koch，1870—1924）和匈牙利数学家谢尔宾斯基（Wacław Sierpiński，1882—1969）通过迭代k构造出来。在下图中，随着k的增加，科克曲线长出了一朵漂亮的雪花，而谢尔宾斯基三角形则成了一座"空中楼阁"。但长期以来，具分形特点的几何体一直被认为只在人们的想象中存在。

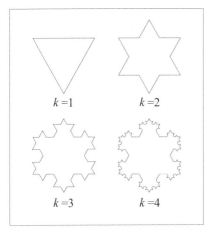

科克曲线

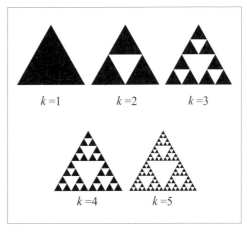

谢尔宾斯基三角形

直到计算机的出现，大量的分形图形可以用计算机模拟（如下页图上所示）。后来，分形还催生了一个计算机艺术的行当。然而当人们的目光回到大自然，才发现大自然的鬼斧神工早已创造了大量的分形作品。下面就欣赏一些大自然的分形图。

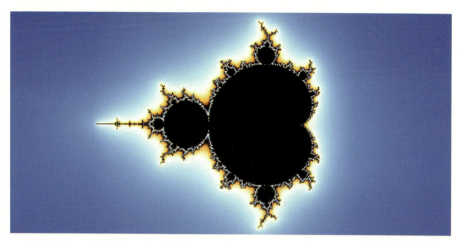

芒德勃罗集分形图例

雪花：莫道冷天慌，还能画艳芳，分形来技巧，纯素沁天堂。

雪花

叶脉：

构架细粗分，

叶纹印树丫，

表达相自似，

无限复重划。

大吴风草叶片，作者摄

芦苇：发絮飘皓首，藏雪被说深，风起如旗舞，神形不可分。

芦苇

火山面：

处处都连续，

随随不可微，

火山藏怪力，

糙面是何维？

分形曲面·粗糙函数——西班牙兰萨罗特（Lanzarote）火
山岛，作者摄

地纹：天地肖然笔，分形绘制磨，泽氲呈画板，颜料化学多。

纹路，美国黄石公园：大棱镜（The Grand Prismatic Spring），作者摄

澳大利亚黄金海岸线：水浪时时刻，参差贵度量，谁能说准确，海岸有何长？

澳大利亚黄金海岸线，作者摄

B篇
大自然
隐含着
数学密码

前不见古人，
后不见来者。
念天地之悠悠，
独怆然而涕下。

　　——［唐］陈子昂《登幽州台歌》

走进美国芝加哥科学博物馆，馆里有一个很大的厅，其中有对飓风、闪电、火焰、海啸等自然现象的模拟，试图通过模拟展示其背后的科学原理。馆里还有一首醒目的诗：

Why does a tornado spin?

Why does a wave break?

Why does a flame burn?

Why does lightning strike?

Our questions about the world

begin almost as soon as we're aware of it.

Science can answer the questions，

yet science is also the process of asking.

为什么飓风会旋？

为什么水波会断？

为什么火焰会燃？

为什么闪电会颤？

我们关于世界的问题

与生俱来。

科学可以回答疑问，

然而科学更是问问题的程阶。

大自然不仅给我们美丽的天地，也给我们许多疑问，而解开这些谜团的钥匙就是数学。上面这首诗最后的两句话堪称经典，道出了科学的真谛。人们力求找出这些答案的历史就是科学史也是数学史。这里面涉及大量的数学问题，很多至今也没有完全搞清楚。搞清楚的部分有的涉及很深奥的数学。[①]

在这里我们展示几个用数学方法解开自然之谜的故事和几个未解奇谜。

---

①本篇的数学模型可进一步参考梁进、陈雄达、张华隆、项家樑编著的《数学建模讲义》一书。

微积分的自然基因

一尺之棰，日取其半，万世不竭。
——［战国］庄子《庄子·天下》

大自然不仅几何妖娆，也极限无穷、微分积分。微积分的灵魂是极限，我们的大自然就是具极限的时空。

在学习微积分之前，我们接触的都是有限的空间，而在无限的空间里很多在有限空间里习以为常的东西都不对了。小时候我对无垠的天空充满好奇，一直在想一个问题：天有多大？想来想去，想得脑袋瓜发疼也无解，就问爸爸。不想爸爸反问一句，你说有多大？当时的我当然没有无穷的概念，便比画着说，天应该是个很大很大的大盒子。爸爸又问：那么盒子外是什么？我被问住了。后来学了微积分，才知道一个量的无界就是这么定义，不管你有多大的界，这个量比你说的那个界还要大。这就是一个从有界的角度去定义无界的方法。

微积分是研究函数的微分、积分以及有关概念和应用的数学分支。它是数学的一个基础学科，内容主要包括极限、微分学、积分学及其应用。微分学包括求导数的运算，是一套关于变化率的理论，它使得函数、速度、加速度和曲线的斜率等均可用一套通用的符号进行讨论。积分学包括求积分的运算，为定义和计算面积、体积等提供一套通用的方法。

牛顿

　　其实古希腊的芝诺就发现了微积分的奥妙，不过他没解决，只是提出了一个悖论，即古希腊阿喀琉斯（Achilles）追不上乌龟。他争辩，只要乌龟先跑一点点，阿喀琉斯追到乌龟刚才那点，乌龟又爬前了一点点，以此类推，阿喀琉斯永远追不上乌龟，这与常识相悖。这个悖论也让我困惑许久，直到学了微积分后才彻底明了，原来距离就是速度的积分，只要阿喀琉斯速度大于乌龟速度，那么在有限时间里，他跑过的距离就会大于乌龟爬行的距离加上初始乌龟先于阿喀琉斯的距离。

　　17世纪，有许多科学问题需要解决，这些问题也就成了促使微积分产生的因素。归结起来，大约有四种主要类型的问题：①求即时速度的问题；②求曲线的切线的问题；③求函数的最大最小值问题；④求曲线长、曲线围成的面积、曲面围成的体积、物体的重心以及引力问题。数学首先从对运动（如天文、航海等）的研究中引出了一个变量间关系即函数的概念，在那以后的200年里，这个概念在几乎所有的工作中占中心位置。随着函数概念的采用，产生了微积分，它是继欧几里得几何之后，所有数学中的一个最大的创造。围绕着解决上述四个核心的科学问题，微积分问题至少被17世纪十几个最大的数学家和几十个数学家探索过。其创立者一般被认为是牛顿（Isaac Newton，1643—1727）和莱布尼茨（Gottfried Wilhelm Leibniz，1646—1716）。

莱布尼茨

现在，我们通过一些简单的微积分工具去探究大自然的一些奥秘。这里我们粗略地列出微积分的几个基本概念，数学的定义会更严谨。

微积分的基本概念

微积分名词	简单解释
极限	一种趋近的形式
连续	函数在该点极限存在并等于该点的函数值
导数	变化率在某点的极限
切线	与函数在某点相交且只有一个交点的直线，如果函数光滑，该直线的斜率为该点的导数
最值点	导数为零的点或者函数定义域的边界点，通过比较确定
速度	位移的一阶导数
加速度	位移的二阶导数
积分	微单位元的无限累加
面积	微单位面积元在指定区域的积分

两点间的最短距离

大自然中有些规律不言而喻，如光线走直线，平面上两点的距离以直线段最短，现在我们用微积分的方法来推导这一结论。

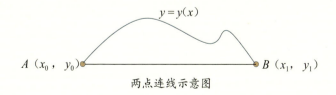

$$y = y(x)$$

$A\,(x_0,\ y_0)$ 　　　　　　　　　　　　$B\,(x_1,\ y_1)$

两点连线示意图

设平面上两定点为 $A\,(x_0,\ y_0)$ 和 $B\,(x_1,\ y_1)$，这两点的光滑连线的方程为 $y = y(x)$，并满足 $y(x_0) = y_0$，$y(x_1) = y_1$。其弧段长度为

$$s\left[y\left(x\right)\right]=\int_{x_0}^{x_1}\sqrt{1+y'^2\left(x\right)}\mathrm{d}x,$$

这里$y'\left(x\right)$是$y\left(x\right)$的导函数。$s[y\left(x\right)]$取最小值时，只有$y'\left(x\right)=0$，即该曲线的斜率为常数，也就是说当连线为直线段时两点间距离达到最小值。

光的折射和色散

我们用微积分工具推导这个折射定律。

光的折射现象如下图所示，设在直线a的上下两侧有两种不同的介质甲和乙，光在介质甲和介质乙的传播速度分别是v_1和v_2。又设点A在介质甲内，点B在介质乙内，光线从A传播到B会走耗时最少的路径，那么其路径会是如何？我们来建立这种现象的数学模型。

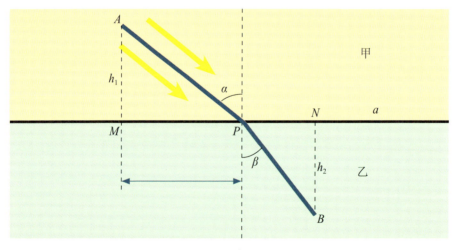

折射示意图

假设点A、B到直线a的距离分别是$AM=h_1$和$BN=h_2$，MN的长度为l，MP的长度为x（P为光线路径与直线a的交点）。由于在同一介质中，光线的最速路径为直线，因此光线从A到B的传播路径必为折线APB，其所需的总时间是：

$$t(x) = \frac{1}{v_1}\sqrt{h_1^2 + x^2} + \frac{1}{v_2}\sqrt{h_2^2 + (l-x)^2}, x \in [0,l],$$

那么 x 满足什么条件时，$t(x)$ 取得最小值？微积分的知识告诉我们，这点或者在 $t(x)$ 导数为零的点，或者在 $t(x)$ 定义域 $[0, l]$ 的边界点，先求 $t(x)$ 的导数：

$$t'(x) = \frac{1}{v_1}\frac{x}{\sqrt{h_1^2 + x^2}} + \frac{1}{v_2}\frac{l-x}{\sqrt{h_2^2 + (l-x)^2}},$$

由于 $t'(0) < 0$，$t'(l) > 0$，且

$$t''(x) = \frac{1}{v_1}\frac{h_1^2}{\left(h_1^2 + x^2\right)^{\frac{3}{2}}} - \frac{1}{v_2}\frac{h_2^2}{\left[h_2^2 + (l-x)^2\right]^{\frac{3}{2}}} > 0, x \in [0,l]$$

可知 $t'(x)$ 在 $[0, l]$ 内存在唯一的零点 x_0，即 $t(x)$ 在 $[0, l]$ 内存在唯一的驻点 x_0。从 $t''(x) > 0$（$x \in [0, l]$），可知 x_0 必为 $t(x)$ 在 $[0, l]$ 上的最小值点。

该点 x_0 满足 $t'(x_0) = 0$，即

$$\frac{1}{v_1}\frac{x_0}{\sqrt{h_1^2 + x^2}} = \frac{1}{v_2}\frac{l-x_0}{\sqrt{h_2^2 + (l-x_0)^2}},$$

记 $\dfrac{x_0}{\sqrt{h_1^2 + x_0^2}} = \sin\alpha$，$\dfrac{l-x_0}{\sqrt{h_2^2 + (l-x_0)^2}} = \sin\beta$，则有

$$\frac{\sin\alpha}{v_1} = \frac{\sin\beta}{v_2}.$$

其中 α，β 分别表示如上页图所示的光线的入射角与反射角。这就是光学中著名的折射定律，它给出了光线从介质甲中的 A 点沿最速路径传播到介质乙中的 B 点时，光线与介质界面交点 P 所应满足的条件。

物理学通过实验发现了折射定律，而数学则通过数学模型揭示了隐藏在这一

定律后面的数量关系，推出了一个一般的折射定律公式。我们发现公式中有4个参数。而对于一个具体问题，这些参数如何确定也是数学建模需要关心的事。α、β两个参数容易通过物理实验确定，这样我们可以通过公式得到光线通过不同介质的速度比。而速度与材料的光导性质有关，如果我们将一种材料作为参照物，就可以找出其他材料的光导性质参数。

赤橙黄绿青蓝紫，谁持彩练当空舞？

牛顿曾做了一个有名的三棱镜实验，他在著作中记载道："1666年初，我做了一个三角形的玻璃棱柱镜，利用它来研究光的颜色。为此，我把房间里弄成漆黑的，在窗户上做一个小孔，让适量的日光射进来。我又把棱镜放在光的入口处，使折射的光能够射到对面的墙上去，当我第一次看到由此而产生的鲜明强烈的光色时，我感觉非常愉快。"牛顿的实验设计如下图所示。通过这个实验，在墙上得到了一个彩色光斑，颜色的排列顺序是红、橙、黄、绿、蓝、靛、紫，牛顿把这个颜色光斑叫作光谱。由于复色光中的各种色光的折射率不同，当它们通过棱镜时，传播方向有不同程度的偏折，因而在离开棱镜则便各自分散。这就是色散的原理。

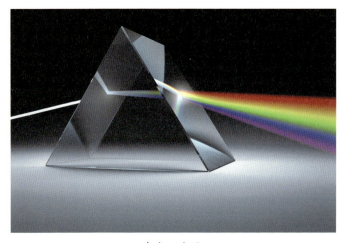

色散示意图

　　我们在日常生活中也常见到这种现象。进入钻石内的光线，根据不同瓣面角度做内部反射，光线的分配反射产生彩虹七色，称为色散。

　　前面提到过，钻石的学名是金刚石，它是一种由碳元素组成的矿物，是碳元素的同素异形体，也是自然界中天然存在的最坚硬的物质。金刚石的折射率非常高，色散性能也很强，这就是金刚石会反射出五彩缤纷颜色的原因。钻石也为此经常被加工成各种多面体的形状。

美国自然历史博物馆展出的方解石与宝石的自然矿石形态，作者摄

美国自然历史博物馆展出加工后的宝石钻石首饰（Janet Annenberg Hooker 捐赠），作者摄

彩虹的角度

彩虹：仙女下凡间，临崖秀发鬓，钗簪虹彩饰，妆美划弧天。

美国—加拿大尼亚加拉大瀑布（Niagara Falls），作者摄

彩虹常在雨后或瀑布边形成，其形成的原理是空中的水滴将复合白色的太阳光分解成红橙黄绿青蓝紫的色谱，并在空中形成一个美丽的圆弧，而且其位置感觉都差不多。自古以来，人们就对彩虹这种神秘而美丽的自然现象充满好奇，多少人痴痴地望着彩虹，猜想着是谁把彩虹挂在苍穹。于是中外都有许多版本的关于彩虹的神话传说。在古希腊神话中，彩虹女神伊里斯从东飞到西替众神向生灵传递信息，她在天空匆匆飞过时会留下一道色彩，形成彩虹。在中国神话中，女娲炼五色石补天，彩虹即五色石发出的彩光。

我们已经知道了彩虹颜色的原理，那么看到彩虹最高点的视角是多少？这个问题可以用微积分来解答。[①]

① 彩虹分析来自 James Stewart 创作的《微积分》一书。

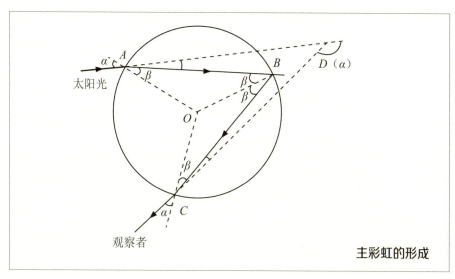

主彩虹的形成

光线进入一个水珠后的折射示意图

　　光线进入一个水珠后，折射示意图显示了一条太阳光线在 A 点进入这颗球形水珠时的情形，一部分光线被反射，另一部分沿 AB 走，进入了水滴。由于折射，进入水滴的光线沿 AO 走。根据本章"光的折射和色散"小节讨论过的折射定律，

$$\sin \alpha = k \sin \beta.$$

　　这里 α、β 分别是入射角和折射角，k 是水的折射率，约为 $\dfrac{4}{3} \approx 1.333$。在 B 点，部分光线穿过水滴折射进入空气，还有一部分沿 BC 反射，其入射角等于反射角。这部分光线在水珠里达到 C 点，然后经过折射进入观测者的眼睛。记 $D(\alpha)$ 为光线在水珠中经过这 3 次折射后与原光线的偏差，如上图所示以及上述分析，有

$$D(\alpha) = (\alpha - \beta) + (\pi - 2\beta) + (\alpha - \beta)$$

$$= \pi + 2\alpha - 4\arcsin\left(\frac{1}{k}\sin\alpha\right).$$

　　彩虹的最高点就是这个偏差 $D(\alpha)$ 的最小值，求这个最小值，即对 $D(\alpha)$ 求导并令其为零，就有

$$\frac{2\cos\alpha}{\sqrt{k^2 - \sin^2\alpha}} = 1.$$

这是一个关于 α 的隐函数，可以通过数值解法求解，带入参数 k 的值，可以求得，当 $\alpha = 59.4°$ 时，$\beta = 40.2°$，$D(\alpha) = 138°$，那么观察者与彩虹最高点的角度就是$180° - 138° = 42°$。在整个求解过程中，我们只用到太阳光的角度和水的折射率。所以我们看到的彩虹，在平射的太阳光下，彩虹最高点的视角一定是 $42°$，这个角度叫彩虹角。

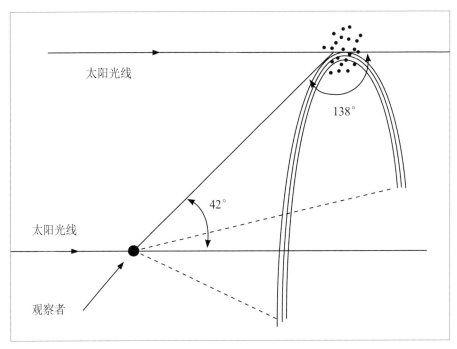

彩虹角示意图

太阳光里包含了红、橙、黄、绿、蓝、靛、紫一定范围里的波长。牛顿在1666年就发现由于每种光在水中的折射率略微不同，可以用三棱镜将太阳光分离，这种现象叫色散。例如红光的折射率≈1.3318，紫光的折射率≈1.3435。通过上面的方法重新计算可以得到每种光最高点的观测仰角略有不同。结果为红光的彩虹角约为42.3°，而紫光的彩虹角约为40.6°。所以由于水珠的色散，人们看到的就是一条色带。

除主彩虹外，人们还经常会看到一条较弱的副彩虹。这是因为光线在C点并没有完全折射到空气里，还有一部分仍在水珠里反射到下一个点折射到空气中。

万有引力与行星轨迹

15世纪开始，欧洲商品经济的繁荣促进了航海业的快速发展。哥伦布发现了新大陆，麦哲伦进行了环球远航，当时的远洋航船的方位全由星球的位置来确定。在强大的社会需要推动下，天文观测的精确程度不断提高。在大量的实际观测数据面前，一直处于天文学统治地位的"地心说"遇到了极大的挑战。于是波兰天文学家哥白尼（Nicolaus Copernicus，1473—1543）提出"日心说"。这是科学的一大革命。但是由于历史条件和科学水平的限制，哥白尼的理论还不完善。他认为圆周运动是最完美的天体运动形式，行星绕太阳运行的轨道是圆形的。

哥白尼

意大利物理学家伽利略不仅用观察方法证明了哥白尼的学说，而且用实验方法发现了落体定律和惯性原理，揭示了物体在不受阻挠时做匀速直线运动的规律。德国天文学家、数学家开普勒（Johannes Kepler，1571—1630）在第谷·布拉埃对行星运动大量观测资料的基础上用数学方法研究发现，火星的实际位置与按哥白尼理论计算的位置相差8弧分。经过对观测数据长期深入的分析，开普勒终于归纳出著名的所谓行星运动三大定律：

1. 各颗行星分别在不同的椭圆轨道上绕太阳运行，太阳位于这些椭圆的一个焦点上；

开普勒

2. 每颗行星运行过程中单位时间内太阳—行星向径扫过的面积为常数;

3. 各颗行星运行的周期的平方与其轨道长半轴的3次方成正比。

在伽利略、开普勒的基础上,17、18世纪许多科学家致力于行星沿椭圆轨道运行时受力状况的研究。从开普勒定律中可以看出,行星运行速度是变化的,而在当时没有计算变速运动的动力学方法,英国物理学家胡克和荷兰物理学家惠更斯等人虽然都取得了一些成果,但终未得出有关引力的定律。

太阳系

英国物理学家、数学家牛顿认为一切运动都有其力学原因。开普勒三定律的背后必定有力学定律起作用。他在研究变速运动中发明了"流数法"(微积分),并于1687年出版的《自然哲学的数学原理》中以微积分为工具证明开普勒三定律和牛顿第二定律与万有引力定律一致。

下面我们来推算一下,这里要用到一些向量运算。

建立坐标系，以太阳为原点，行星的位置向量为 $\vec{r}$ ，速度向量 $\vec{v} = \vec{r}'$ ，加速度向量 $\vec{a} = \vec{r}''$ 。

牛顿定律第二运动定律： $\vec{F} = m\vec{a}$ ；

牛顿万有引力定律： $\vec{F} = -\dfrac{GMm}{r^3}\vec{r} = -\dfrac{GMm}{r^2}\vec{u}$.

这里 $\vec{F}$ 是作用于物体的引力， m、M 分别是行星和太阳的质量， G 是万有引力常数， $r = |\vec{r}|$ ， $\vec{u} = (1/r)\vec{r}$ 是和 $\vec{r}$ ， $\vec{u}$ 同方向的单位向量。

第一步：证明开普勒第一定律，即行星运行轨迹是平面上的椭圆，太阳在其焦点上。

上面牛顿两大定律的公式表明

$$\vec{a} = -\frac{GM}{r^3}\vec{r},$$

所以 $\vec{a}$ 平行于 $\vec{r}$ ，或者 $\vec{a} \times \vec{r} = 0$ 。于是

$$\frac{\mathrm{d}}{\mathrm{d}t}(\vec{r} \times \vec{v}) = \vec{r}' \times \vec{v} + \vec{r} \times \vec{v}' = \vec{v} \times \vec{v} + \vec{r} \times \vec{a} = 0.$$

也就是 $\vec{r} \times \vec{v} = \vec{h}$ ，这里 $\vec{h}$ 是常向量。这个式子也可以写成

$$\vec{h} = r^2(\vec{u} \times \vec{u}').$$

从行星初始状态可以得 $\vec{h} \neq 0$ ，因此 $\vec{r}$ 和 $\vec{h}$ 垂直，也就是说行星运行轨迹是平面上的一条曲线。那么

$$\vec{a} \times \vec{h} = -\frac{GM}{r^2}\vec{u} \times (r^2\vec{u} \times \vec{u}') = -GM\vec{u} \times (\vec{u} \times \vec{u}')$$
$$= -GM\left[(\vec{u} \cdot \vec{u}')\vec{u} - (\vec{u} \cdot \vec{u})\vec{u}'\right] = GM\vec{u}'.$$

两边积分，得

$$\vec{v} \times \vec{h} = GM\vec{u} + \vec{c},$$

这里 $\vec{c}$ 是常向量。由于 $\vec{r}$、$\vec{v}$ 运行在同一平面上，行星运行在这个平面上，所建的坐标系在这个平面上如下图所示，不妨假设 $\vec{c} = (c, 0, 0)$，

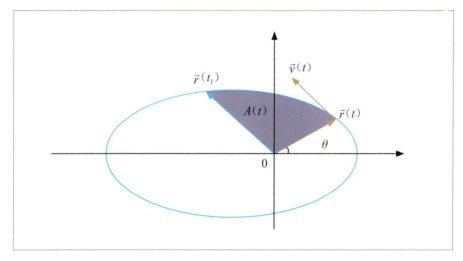

行星运行示意图

记 θ 为 $\vec{c}$ 和 $\vec{r}$ 之间的夹角，那么（r，θ）就是行星运行的极坐标。就有

$$\vec{r} \cdot (\vec{v} \times \vec{h}) = \vec{r} \cdot (GM\vec{u} + \vec{c}) = GMr\vec{u} \cdot \vec{u} + rc\cos\theta,$$

于是

$$r = \frac{\vec{r} \cdot (\vec{v} \times \vec{h})}{GM + c\cos\theta} = \frac{\vec{h} \cdot \vec{h}}{GM + c\cos\theta} = \frac{ed}{1 + e\cos\theta},$$

这里 $e = c/(GM)$，$d = \vec{h} \cdot \vec{h}/c$。这个极坐标方程就是椭圆方程，其一个焦点就是原点。这个椭圆的长短轴分别为 $a = \dfrac{ed}{e^2 - 1}$，$b = \dfrac{ed}{\sqrt{e^2 - 1}}$。

第二步：证明开普勒第二定律。

记空间单位变量为 $\vec{i} = (1,0,0), \vec{j} = (0,1,0), \vec{k} = (0,0,1)$，这样位置向量可写成 $\vec{r} = r(\cos\theta)\vec{i} + r(\sin\theta)\vec{j}$，则 $\vec{v} = \left[-r(\sin\theta)\vec{i} + r(\cos\theta)\vec{j} \right] \dfrac{\mathrm{d}\theta}{\mathrm{d}t}$，所以

$$\vec{h} = \vec{r} \times \vec{v} = \left[r(\cos\theta)\vec{i} + r(\sin\theta)\vec{j} \right] \times \left[-r(\sin\theta)\vec{i} + r(\cos\theta)\vec{j} \right] \frac{\mathrm{d}\theta}{\mathrm{d}t}$$

$$= r^2 \frac{\mathrm{d}\theta}{\mathrm{d}t} \vec{k},$$

即 $h = r^2 \dfrac{\mathrm{d}\theta}{\mathrm{d}t}$ ，记 $A = A(t)$ 为位置向量 $\vec{r} = \vec{r}(t)$ 在时间段$[t, t_1]$扫过的面积，则 $\dfrac{\mathrm{d}A}{\mathrm{d}t} = \dfrac{r^2}{2} \dfrac{\mathrm{d}\theta}{\mathrm{d}t} = \dfrac{h}{2}$ 为常数，也就是说位置向量扫过的面积为常数。这就是开普勒第二定律。

第三步：证明开普勒第三定律。

记 T 为一个行星绕太阳旋转一周所需的时间，记行星的椭圆运行轨道（长短半轴长度分别为a、b），则

$$\pi ab = \int_0^T \frac{\mathrm{d}A}{\mathrm{d}t} \mathrm{d}t = \frac{h}{2} T$$

所以$T = \dfrac{2\pi ab}{h}$，由椭圆方程（ $*$ ），$ed = \dfrac{b^2}{a} = \dfrac{h^2}{GM}$，有

$$T = \frac{2\pi ab}{h} = \frac{2\pi \sqrt{a^3}}{\sqrt{GM}}, \ \ 令 \lambda = \frac{4\pi^2}{GM}, \ 注意到 \lambda 与行星无关，就有 \ T^2 = \lambda a^3,$$

这就是开普勒第三定律。

反之，从开普勒三大定律即牛顿第二定律，用类似方法也可以推得牛顿万有引力定律。

应用：从太阳质量 $M = 1.99 \times 10^{30}$kg，近似地球公转周期365.25天，可反求出万有引力常数 $G = 6.67 \times 10^{-11}$N・m^2/kg^2。

本节最后我们再看一组作者自摄的微积分味十足的自然景观图片。

相切·趋近

天边切海崖，落日是孤灯，
牵手途程近，极端是永恒。

短长如手指，
曲面近约何，
欲似积分值，
差分级数和。

差分·级数和

山势连绵走，高低各异成，
欲知谁最值，导数应为零。

连续·极值·最值

剖分·光滑

阳光多戏谑，
水面划分群，
想找何方解，
还求计算机？

收敛·极限

发散·无穷

天宇遥无际，空间曲面调，
又说源爆炸，星体散开逃。

宇宙多遥瀚，
趋一为何因？
超凡黑洞力，
收敛万星群。

有规律的自然也任性随机

花非花，雾非雾。夜半来，天明去。

来如春梦几多时，去似朝云无觅处。

——［唐］白居易《花非花》

爱因斯坦认为，上帝不会扔骰子。其实在他之前，有一位英国的植物学家布朗（Robert Brown，1773—1858），已经发现了上帝并不都是在做确定的事。

布朗运动

布朗1795年成为一名军医，是18、19世纪英国植物学家，主要贡献是对澳洲植物的考察和发现了布朗运动。1827年他在研究花粉和孢子在水中悬浮状态的微观行为时，发现花粉有不规则的运动，后来证实其他微细颗粒如灰尘也有同样的现象，虽然他并不会用理论来解释这种现象，但后来的科学家还是用他的名字来命名这种现象为布朗运动。这种无序、不停顿、无规则的宏观现象被进一步研究，人们发现这种现象是一种很普遍的现象，包括了分子热运动。分子热运动是指一切物质的分子都在不停地做无规则的运动。温度影响分子的热运动，温度越高，热运动则越剧烈。1905—1906年，爱因斯坦等发表了从理论上分析布朗运动的文章，提出了分子运动理论，尽管他没有意识到这实际上就是随机现象。分子运动理论的基本内容为：①物质是由大量分子组成；②分子永不停息地做无规则的热运动；

罗伯特·布朗

③分子之间存在着相互作用的引力和斥力；④分子间有间隙。1908年佩兰用实验验证了爱因斯坦的理论，从而使分子运动理论的物理图像为人们广泛接受，成为许多学科如分子动力学、热力学甚至金融数学的基础。

布朗运动我在中学就学习了，当时心里很不服气。我想别人成名都是找到了什么规律，这布朗老头在显微镜下对一堆乱花粉找不到规律，居然以此为名，成名了。直到后来学到了随机过程才知道，这完全无规则的运动的发现有多么重要。

布朗运动后来被维纳（Norbert Wiener，1894—1964）上升到数学理论刻画成现代随机过程的基础。所以布朗运动又被称为维纳过程。

随机的研究使得以精准为生命的数学遭到挑战。但自然界太多的随机现象已不容数学家们忽视，如物理的量子力学、测不准原理已堂而皇之地走上舞台。所以维纳的理论成果也就有了广泛的应用。概率论、统计学和随机过程有了长足的进步。随机并不意味着毫无规律可循，数学就是在研究这些不确定性的确定因素如概率、分布、期望等规律中大显身手。

诺伯特·维纳

为了说明这个过程，我们先简单解释几个概率论的概念。

概率论的基本概念

概率名词	简单解释
随机事件	是指在相同条件下，可能出现也可能不出现的事件
概率	反映随机事件出现的可能性大小
分布	用于表述随机变量取值的概率规律。常用的分布有均值分布、正态分布等
期望	反映随机变量平均取值的大小

维纳过程有如下特点：

1. 过程起点为0，过程过去的轨迹是时间的连续函数；

2. 维纳过程具有独立增量。该过程在任一时间区间上随机变量的变化，独立于其在任一的其他时间区间上随机变量的变化；

3. 它在任何有限时间上随机变量的变化服从正态分布，其方差随时间区间的长度呈线性增加。

维纳过程成为数学中随机过程的基本过程，在刻画许多随机现象如量子路径、股票涨落等中大显身手。

下面三张图是5个花粉分子（黄点）在水中的行动轨迹（蓝线）模拟的三个截面，红色箭头是其中一个的运动方向矢量箭头。

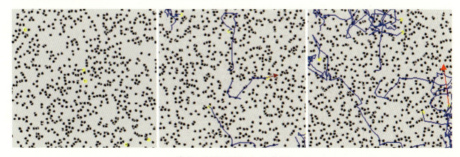

花粉不规则运动示意图

热传导方程

热运动的本质就是布朗运动，然而在宏观上，热的扩散是有规律的，热传导方程就是描述这种规律的。

事实上，温度越高，这种无序现象越剧烈，如果空间允许，分子必然向外扩散，而且温度越高，扩散越快，这就是热运动的基本特性：扩散。

热运动的扩散是除了对流和辐射外热的主要传播方式。在微观无序的情形下，在统计意义下，热运动在宏观却是有规律可循。法国数学家傅立叶（Baron Jean Baptiste Joseph Fourier，1768—1830）推出了热传导方程。这个方程建立在傅立叶定律和能量守恒的基础上。傅立叶定律说：热流向量与温度梯度成正比。能量守恒定律说：物体内部热量的增加等于通过物体边界的热量与由物体内部热源所生成的热量的总和。即

我们考虑一维的简单情况，即物体是一根无限长的细杆，侧表面绝热（即没有热交换），在与轴线垂直的任意一个截面段上，记这小段为$[x_1, \ x_2]$，这点在t时刻的温度为$u(x, \ t)$。经过小时间段$[t_1, \ t_2]$，则上面的框图转换成数学式子为

$$\int_{x_1}^{x_2} c\rho \left[u(x,t_2) - u(x,t_1) \right] \mathrm{d}x$$
$$= \int_{t_1}^{t_2} k \left[u_x(x_2,t) - u_x(x_1,t) \right] \mathrm{d}t + \int_{t_1}^{t_2} \int_{x_1}^{x_2} \rho f \mathrm{d}x\mathrm{d}t,$$

这里c是比热容，ρ是密度，k是傅立叶定律的比热系数，记$a^2 = \dfrac{k}{c\rho}$，f为热源，最

简单的情况是没有热源，即 $f=0$。注意到

$$\int_{t_1}^{t_2} k\left[u_x(x_2,t)-u_x(x_1,t)\right]\mathrm{d}t = k\int_{t_1}^{t_2}\int_{x_1}^{x_2}u_{xx}\mathrm{d}x\mathrm{d}t,$$

$$\int_{x_1}^{x_2} c\rho\left[u(x,t_2)-u(x,t_1)\right]\mathrm{d}x = c\rho\int_{t_1}^{t_2}\int_{x_1}^{x_2}u_t\mathrm{d}x\mathrm{d}t,$$

然后让

$$t_2-t_1\rightarrow0,\quad x_2-x_1\rightarrow0,$$

我们就得到最基本的标准的一维热传导方程：

$$\frac{\partial u}{\partial t}=a^2\frac{\partial^2 u}{\partial x^2}.$$

　　热传导方程应用极为广泛，很多问题包括很多随机问题都归集于此。有意思的是，热传导方程本来自于描述随机的热运动，却得到的是一个确定性的方程。

大数据

　　计算机的出现催生了信息处理的革命，让统计学这门古老的学科焕发了青春，概率论和随机过程也有了更大的用武之地。加上各种便捷的电子工具，让我们有了今天的volume（大量）、velocity（高速）、variety（多样）、value（价值）的大数据，使我们快速地进入了大数据时代。

　　在大数据时代里，一切信息的表达通过数据，所以催生、加速了数据处理、统计和计算数学的发展。大量自然界的东西都可以转化成一系列的大数据表达。最典型的例子就是后面会提到的DNA序列表达。这时，计算机运算、随机模拟、统计都会有用武之地。

扔骰子的自然现象

　　大自然中的确有许多随机现象，然而随机中的数学峥嵘并不"偶尔"。

落花的随机：飘飘离树落，不知哪方安，英落因分布，随机也律翰。

落花，作者摄

雪景：大雪从天降，风吹乱舞巡，地妆银素裹，薄厚却均匀。

雪景

大自然的生存许可证是择优

最是一年春好处，

绝胜烟柳满皇都。

——［唐］韩愈《早春呈水部张十八员外（其一）》

　　大自然充满神奇和难以解释的事情。很多动植物似乎很懂数学，它们的选择竟是聪明的人通过数学计算才得到的结果。我们也许更应该相信这是因为择优生存的结果。只有选择了最优的种群才可以在种群的残酷竞争和大自然的淘汰赛中胜出。

四足动物的身长体重比

　　观察周围的四足动物，不管大小，也不管是什么种类，如牛、羊、猪、鼠等，发现它们的身体主体都是类圆柱形的，而圆柱形的长宽比例是差不多的。难道这些动物都是约好了这么长的？考虑到体重和身体体积成正比，那么上面的话可以看成四足动物的体重和身长应该有某种数学关系。由于量身长比称体重要容易，下面我们就来揭示这种关系。

马鹿、野牛，作者摄

浣熊、熊猫、松鼠，作者摄

这个问题乍一看比较复杂，涉及生物学。然而我们换个思路，抛开复杂的生物组织，直接把四足动物的躯干看成物理的弹性梁，然后用弹性物理的一些理论来解决，虽然结果不那么精准，但作为估计是足够了。[①]

假设某四足动物。其质量为m，重量为W；动物的躯干外形为圆柱体；长度为L，横断面直径为d，面积为S；躯干被支撑在四条腿上，近似于简之弹性梁，弹性梁的垂度（梁的最大挠度）为δ。

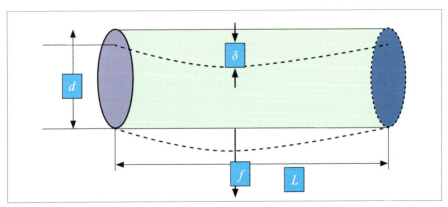

四足动物躯干示意图

由弹性物理的理论，最大挠度满足下列公式：

$$\delta = \frac{WL^3}{Sd^2},$$

①参考姜启源等人编著的《数学模型》一书。

由牛顿定律：$W \propto m$，$m \propto SL$，这里 $\propto$ 是比例符号，所以

$$\frac{\delta}{L} \propto \frac{L^3}{d^2},$$

这里比值 δ/L 是躯干体相对下垂度。这个值如果太大，则动物四肢无法支撑躯干，但该值如果太小，意味四肢过于发达，是一种浪费。从生物进化角度看，可以认为经过长期适应自然，每种四足动物都使自己达到最佳的状态，取到最佳的 δ/L 值。于是补充一个假设：对某种四足动物来说，相对下垂度 δ/L 为常数。

在这个假设下，就有 $L^3 \propto d^2$，于是就有

$$W \propto m \propto SL \propto d^2 L \propto L^4,$$

这就是说，四足动物的体重与其身长的四次方成正比，即对某种四足动物存在一个正常数 k，使得

$$W = kL^4.$$

对各类不同的四足动物，由不同的 k 与之对应，具体的值可通过用数学的最小二乘法从实际数据中拟合出来。

鱼的游弋方式

观察鱼在水中的运动，可发现当鱼较快游动时，它的游动路线常常并不是水平的，而是做上下锯齿状的周期性游动。在一个周期内鱼先向上游动，然后再向下滑行（如下页图所示），我们有理由认为，鱼在长期进化过程中选择的这种游泳方式是消耗能量最小的运动方式。现在要求的是鱼游动的最佳角度。

假设鱼以常速 v 游动，鱼在水中会受到重力、水的浮力和运动时水的阻力的共同作用。所以鱼要水平游动实际上是要有一个向上的角度以克服净重力。水的阻力是速度的 k 倍，记鱼在水中的净重力（重力减去浮力）为 G。鱼在向上游动时所做的功是克服净重力和克服前行阻力所做的功。鱼在向下游时净重力正好等于

澳大利亚悉尼水族馆游行的鱼，作者摄

向下的阻力，那么鱼所做的功仅为克服阻力前行的功。鱼锯齿状游动的一个周期是 A—C—B，其中 α 和 β 为鱼分别进行向下与向上游动路线与水平的夹角。假定 CH 高度一定，不妨设为1，我们要求的是鱼如何做锯齿状 A—C—B 游动时所耗的能量最小。

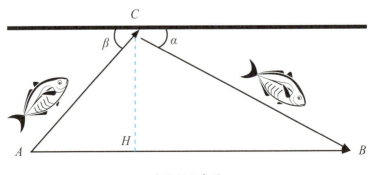

鱼游行示意图

由上分析，鱼在做锯齿状运动时，设其所达的高度为1，所以CH垂直于 AB。则 $BH = \cot \alpha$。鱼在向下游动时，净重力和向下阻力抵消，就有

$$G = kv\sin\alpha \text{ 或者 } \alpha = \arcsin\left(\frac{G}{kv}\right).$$

这同样说明，鱼的速度很慢时，α 不存在，也就是说这种情况下鱼没必要做锯齿游动，也就是说鱼下行时净重力抵消向下阻力进入滑行的前提是 $G < kv$。所以 α 由已知参数决定，那么此时鱼所做的功是阻力在水平方向的分力乘以水平方向行进的长度。

$$W_0 = kv\cos\alpha.$$

而鱼向上时所做的功为克服净重力和阻力乘以 AC 的长度。即

$$W = \frac{kv}{\sin\beta} + G\cot\beta,$$

所以鱼在整个过程所做的功为

$$W_z = W_0 + W.$$

由于 α 已确定，所以只要求出鱼选定 β 时所做的总功中相对于上升所做的功，记为 F，然后求最小值，即

$$F = W_2 - kv\left(\cot\alpha + \cot\beta\right)$$

对F关于β求导，并令其为 0：

$$\frac{\partial F}{\partial \beta} = -\frac{kv\cos\beta}{\sin^2\beta} - \frac{G}{\sin^2\beta} + \frac{kv}{\sin^2\beta} = 0,$$

注意到α的定义，上式解得，最优的 β（仍记为 β）所满足的条件：

$$\cos\beta = 1 - \sin\alpha,$$

或者，

$$\beta = \arccos\left(1 - \frac{G}{kv}\right),$$

而且

$$\frac{\partial^2 F}{\partial \beta^2} = \frac{kv}{\sin \beta} > 0,$$

所以 arccos（$1-G/kv$）是使得 F 取得最小值的角度，即为鱼游动最优的角度。

蜜蜂的智慧

蜜蜂

蜂巢：蜜蜂懂数学，巢筑六边形；最少施材料，多房好建庭。

蜂巢

华罗庚对蜂巢这样描绘："如果把蜜蜂放大为人体的大小，蜂箱就成为一个 20公顷的密集市镇。 当一道微弱的光线从这个市镇的一边射来时，人们可以看到一排排50层高的建筑物。在每一排建筑物上，整整齐齐地排列着薄墙围成的成千上万个正六边形的蜂房。"

拼贴是代数几何一个基本内容。应用相同的图形进行无缝拼贴有很多数学原理。如果拼贴的图形只有一种，就叫作一元拼贴，如果这个图形还是正多边形，则称为正规一元拼贴。

根据多边形的内角和公式可以证明能用作正规一元拼贴的正多边形只有3种：正三角形、正方形和正六边形。事实上，在一个公共顶点处围聚了 m 个正 n 边形，由于该多边形的一个内角为 $\dfrac{n-2}{n}\pi$，所以 $m\dfrac{n-2}{n}\pi=2\pi$，即（$m-2$）（$n-2$）= 4，也就是说，$n-2=1$，2，4，或者 $n=3$，4，6。容易验证在这种情况下，在给定面积的情形下，正六边形的周长最小。

而蜂巢正是许多正六边形棱柱的拼贴。这还没完，蜂巢的一端是六角形开口，另一端则是封闭的六角棱锥体的底，由3个相同的菱形组成。18 世纪初，法国学者马拉尔迪曾经专门测量过大量蜂巢的尺寸，令他惊讶的是，这些蜂巢组成底盘的菱形的所有钝角都是109°28′，所有的锐角都是70°32′。后来经过法国数学家凯尼格和苏格兰数学家马克劳林从理论上的计算，如果要消耗最少的材料制成最大的菱形容器，正是这个角度。

13世纪，蒙特福德（De Montfolt）说："在建筑上，蜜蜂的才能超越了阿基米德。"伟大的达尔文（C.Darwin，1809—1882）甚至这样说："凡是考察过蜂巢精巧构造的人，看到它如此美妙地适应它的目的，而不热烈地加以赞赏，他必定是一个愚钝的人。"[①]当我们用数学揭开蜂房的奥秘时，我们不得不与先哲们同感。

---

①达尔文．物种起源 [M]．周建人，叶笃庄，方宗熙，译．北京：商务印书馆，2010.

蚂蚁的优化路线

蚁群

蚂蚁堪称"计算专家"，因为它拥有令人不可思议的计算能力。 尽管我们认为蚂蚁在寻找食物时，运用了两个技巧找到通往食物和回家最短路线的路——视觉标志和气味踪迹。

然而神奇的不仅如此。英国科学家亨斯顿做过一个有趣的实验，他把一只死蚱蜢切成3块，第二块比第一块大1倍，第三块比第二块大1倍，当蚂蚁发现这食物40分钟后，聚集在最小的一块蚱蜢旁的蚂蚁有28只，第二块有44只，第三块有89只，后一组较前一组差不多多1倍。蚂蚁的计算本领如此精确，显然标志和气味之说不能圆满解释，那它们是怎么做到的呢？

　　突尼斯经常会吹海风，也没有岩石等可以提供视觉标志，但是动物是奇特的，蚂蚁会"路径整合"。根据蚂蚁导航研究人员马丁·穆勒和吕迪格·韦纳的研究，沙漠中的蚂蚁"能够不断计算其当前位置到之前位置的轨迹，根据这样的计算结果，它们在返回时不会走'回头路'，而是在现场和起点间连上一条直线。"也就是说蚂蚁可以优化路线。

　　今天，有一种计算机算法就以蚂蚁命名，这就是"蚁群算法"。

鸟的包络巢

　　鸟儿的巢都是鸟儿衔着一根根直直的树枝和一口口春泥垒起来的。很多鸟都会这么做。我们已知圆是最小的周长围成最大面积的形状，可是直线段的树枝怎样围成个圆窝呢？原来这些直线围成的圆在数学上叫包络。

鸟巢：鸟选枝条直，春泥垒起多，原来当切线，包络做圆窝。

鸟巢

在数学上，一族平面直线（或曲线）的包络是指一条与这族直线（或曲线）中任意一条都相切的曲线。数学中还有个包络定理，这个定理有着很多应用。该定理表明最大值函数与目标函数的关系，当给定参数之后，目标函数中可选择控制变量；如果控制变量恰好取到此时的最优值，则目标函数即与最大值函数相等。

小小的鸟儿就是用直直的树枝做成了其包络——温暖的圆窝鸟巢。

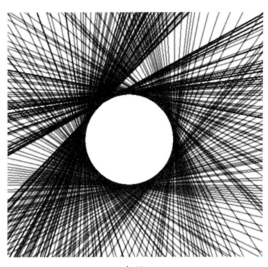

包络

生物世界的遗传奥秘

看万山红遍，层林尽染；漫江碧透，百舸争流。

鹰击长空，鱼翔浅底，万类霜天竞自由。

怅寥廓，问苍茫大地，谁主沉浮？

—— [现代] 毛泽东《沁园春·长沙》

俗话说："龙生龙，凤生凤，老鼠生儿打地洞。"遗传是我们自然界最神奇的现象之一。孩子一出生，最多的话题就是这孩子是像爸爸还是像妈妈。人们发现不仅孩子长得像父母，还继承或遗传了父母的特长、疾病等。

生命的孕育

先有鸡，还是先有蛋，这是一个问题。

人类受精卵的发育示意图

动物的一个受精卵在形成初期只是一个细胞，但一个生命就此开始。这个独特生命的形成是一个极小的概率事件，这个事件发生的概率只有几亿分之一，小到几乎是不可能事件。然而我们换一个角度看，生物的繁衍在自然界却是个必然事件，也就是说会百分百发生。这是怎么回事呢？原来对一个确定个体的产生，这确实是一个小概率事件，但从统计观点来看，不在乎那个个体，而关注这件事本身，就变成了一个必然事件。当然，生命的孕育过程还有很多有待弄清楚的规律，不完全是"撞大运"。

卵子受精后，就开始在保持遗传信息的前提下进行分裂，一分二，二分四，四分八，以2的指数增长，直到成熟。例如一个成人身体的细胞数量约有40万亿~60万亿个，如果不考虑复杂生长的因素，粗略地估算：

$$2^x = 10^{14} \text{ 也就是 } x \approx 47.$$

也就是说人的受精细胞分裂了不到50次后就成熟。这有点不可思议，这么大一个数字的细胞组，起点竟然就是一个受精卵细胞，而且分裂的次数少于50次。这就是指数函数的性质！开始时细胞分裂和生长速度很快，后来越来越慢，成熟后细胞进入休眠，不时也分裂一下以弥补损失。最后衰老，直到死亡。

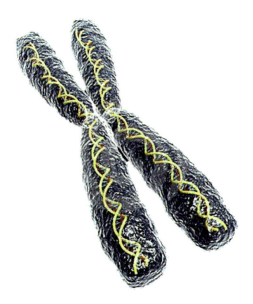

染色体

染色体是真核细胞在有丝分裂或减数分裂时遗传物质存在的特定形式，是间期细胞染色质结构紧密包装的结果，是染色质的高级结构，仅在细胞分裂时出现。染色体有种属特异性，随生物种类、细胞类型及发育阶段不同，其数量、大小和形态存在差异。在无性繁殖物种中，生物体内所有细胞的染色体数目都一样；而在有性繁殖的大部分物种中，生物体的细胞染色体成对分布，含有两个染色体组，称为二倍体。

果蝇的细胞里有8条染色体，豌豆的细胞里有14条，玉米的细胞里有20条，人体的细胞里有46条。这似乎可以推出，越高级的生物体染色体越多，然而一个反例立刻推翻了这个推断：蛤蜊细胞的染色体居然有200多条。生物细胞里的染色体都是偶数，一半来自父体，一半来自母体。这些染色体保存着神秘的遗传信息。

在生物的染色体中，有一对染色体很特别，被称为性染色体。在雌性体内细胞中，这对染色体都是X染色体，而在雄性体内细胞中，这对染色体分别为X染色体和Y染色体。在生殖过程中，后代分别从父体和母体得到每个细胞46条染色体的一半，即23条染色体，然后组成自己的细胞。当从父体的性染色体得到的是X染色体，即为雌性，如得到的是Y染色体，即为雄性。所以生儿育女，得到的后代性别的概率各为50%。

孟德尔遗传率

孟德尔（Gregor Johann Mendel，1822—1884），奥地利生物学家，是遗传学的奠基人，被誉为现代遗传学之父。

孟德尔开始在奥地利布隆城的一所修道院当修道士。后在维也纳大学学习了4年，系统学习了植物学、动物学、物理学和化学等课程。之后孟德尔回到家乡，继续在修道院任职，并利用业余时间开始了长达12年的植物杂交试验。在孟

孟德尔

德尔从事的大量植物杂交试验中，以豌豆杂交试验的成绩最为出色。经过整整8年（1856—1864）的不懈努力，终于在1865年发表了《植物杂交试验》的论文，提出了遗传单位是遗传因子（现代遗传学称为基因）的论点，并揭示出遗传学的两个基本规律——分离规律和自由组合规律。这两个重要规律的发现和提出，为遗传学的诞生和发展奠定了坚实的基础，这也正是孟德尔名垂后世的重大科研成果。令人遗憾的是，由于他那不同于前人的创造性见解，对于他所处的时代显得太超前了，竟然使得他的科学论文在长达35年的时间里，没有引起生物界同行们的注意。直到1900年，他的发现被欧洲3位不同国籍的植物学家在各自的豌豆杂交试验中分别予以证实后，才受到重视和公认，遗传学的研究从此也就很快地发展起来。孟德尔的主要贡献是下面两大定律：

分离定律：决定相对性状的一对等位基因同时存在于杂种一代的个体中，但仍维持它们各自的个体性，在配子形成时互相分开，分别进入一个配子细胞中去。

自由结合定律：控制不同性状的遗传因子的分离和组合是互不干扰的。在形成配子时，决定同一性状的成对遗传因子彼此分离，决定不同性状的遗传因子自由组合。

孟德尔关于完全显性的实验：具有相对性状的纯合亲本杂交，子一代的表现与一个亲本花的颜色完全相同。而子二代中有一个出现了另一个亲本花的颜色。

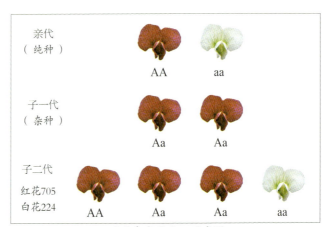

豌豆杂交试验 1 示意图

我们看到，实验的结果，红色花与白色花的比例约3:1，恰是理论结果。实验表明红花是"显性"遗传，只要有一个红色基因A，花色就会显红。而白花是"隐性"遗传，只有两种都为白基因a，花色才会显白。这就解释了孟德尔遗传学分离定律。从数学观点看，两个基因A和a，aa配对的概率为1/4，而其他概率之和是3/4。

生物遗传的方式是多种多样的，除了显性和隐性的特性，还有一种"中间性"的，例如下图，当红色基因和白色基因相遇时，子代既不显红也不显白，而显粉色。但粉色的后代，红色、粉色和白色的比例分别为1/4、1/2和1/4。理论和实验结果都证明了这个事实。

当亲代分别为纯种红和纯种白时，子代全为杂种粉：

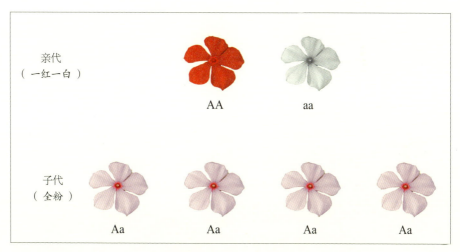

豌豆杂交试验 2 示意图

当亲代为杂种粉时，子代出现杂交试验2示意图红、粉、白：

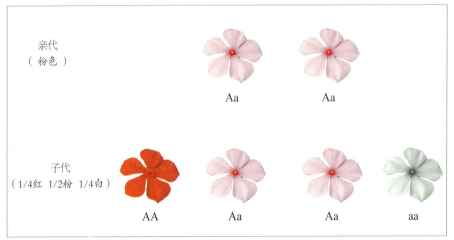

亲代
（粉色）

Aa   Aa

子代
（1/4红 1/2粉 1/4白）

AA   Aa   Aa   aa

另种杂交试验 3 示意图

DNA

1953年4月《自然》杂志刊登了美国的沃森和英国的克里克在英国剑桥大学合作的研究成果：DNA双螺旋结构的分子模型。被誉为20世纪以来生物学方面最伟大的发现。

随着科学家破译遗传密码，人们对遗传机制有了更深刻的认识。生物遗传机制——这个使孟德尔魂牵梦绕的问题建立在遗传物质DNA的基础之上。

表象性状从亲代传递给子代，这种现象称为遗传。遗传学是研究这种现象的学科，已有很长的历史，到了今天我们已经知道地球上现存的生命主要是以DNA 作为遗传物质。目前 DNA 已广泛用于亲子鉴定。

DNA 示意图

　　DNA是脱氧核糖核酸英语的缩写，是一种分子结构复杂的有机化合物。作为染色体的主要成分而存在于细胞核内，其功能就是储藏遗传信息。DNA 分子巨大，由核苷酸组成。核苷酸的含氮碱基为腺嘌呤、鸟嘌呤、胞嘧啶及胸腺嘧啶；戊糖为脱氧核糖。1953年，美国的沃森、英国的克里克与威尔金斯描述了 DNA 的结构：由一对多核苷酸链围绕一个共同的中心轴盘绕构成。核糖–磷酸链在螺旋形结构的外面，碱基朝向里面。两条多核苷酸链通过碱基间的氢键相连，形成相当稳定的组合，这也就是常说的双螺旋结构。不过现在也有研究发现有三螺旋的DNA。

　　著名数学家陈省身先生曾描述DNA的数学结构。他将双螺旋看成两根互绕的曲线，于是出现3个拓扑特征参数：连环数（linking number）、扭数（twisting number）和超螺旋数或绕数（writhing number），它们满足一个类似多面体欧拉公式的等式：

$$L = T + W。$$

它也叫瓦特公式，是瓦特（James H. White）在1969年发现的。

　　"将瓦特公式用于 DNA 的生化过程，可能有点儿像将欧拉公式用于地貌演化，复杂的过程都满足一定的拓扑关系。因为时空可能比动力学和因果律更基本，那么拓扑法则也许比能量守恒、动量守恒等定律更基本，只是暂时还没显露出来。"[1]

基因组

　　现代遗传学家认为，基因是 DNA分子上具有遗传效应的特定核苷酸序列的总称，是具有遗传效应的 DNA 分子片段。

---

[1] 此段话出自李泳文章《DNA 里的数学》。

基因位于染色体上，并在染色体上呈线性排列。基因通过复制把遗传信息传递给下一代，可以使遗传信息得到表达。不同人种之间头发、肤色、眼睛、鼻子等的不同，是基因差异所致。这也决定了如果真有龙的话，龙不会生出老鼠。龙和龙的基因虽不尽相同，但它们不同的基因只会决定龙的眼睛是圆形还是菱形这些细节。

基因是生命遗传的基本单位，由30亿个碱基对组成的人类基因组，蕴藏着生命的奥秘。1990年人类基因组计划（简称 HGP）开始启动，被誉为生命科学的"登月"计划，美国、英国、法国、德国、日本和中国等6国16个研究所数千科研人员参加了这个计划。2000年6月，人类基因组"工作框架图"已完成，整个计划当时期望2005年完成。国内外专家普遍认为，人类基因组序列图首次在分子层面上为人类提供了一份生命"天书"，是全人类的共同财富。

中国科学家参加了人类基因组计划这一国际合作和竞争项目。中国1994年启动HGP，现已完成南北方两个汉族人群和西南、东北地区12个少数民族共733个永生细胞系的建立，为中华民族基因保存了宝贵的资源，并在多民族基因组多样性的研究中取得了成就，例如在致病基因研究中有了不少发现。定名为中华民族基因组结构和功能研究的 HGP 为"九五"时期国家最大的资助研究项目之一，为中国在21世纪国际HGP科学的新一轮竞争中占据有利地位打好了基础。

在人体全部染色体中，1号染色体包含基因数量最多，达3141个，是平均水平的两倍，共有超过2.23亿个碱基对，破译难度也最大。一个由150名英国和美国科学家组成的团队历时10年，才完成了1号染色体的测序工作。

美国和英国科学家于2006年5月18日在英国《自然》杂志网络版上发表了人类最后一个染色体——1号染色体的基因测序。科学家不止一次宣布人类基因组计划完工，但推出的均不是全本，这一次杀青的"生命之书"更为精确，覆盖了人类基因组的99.99%，历时16年的人类基因组计划书写完了最后一个章节。完成精确的全序列图后人类将拥有一本记录着自身生老病死及遗传进化全部信息的"天书"。

　　人类基因组，由23对染色体组成，其中包括22对常染色体、1条 X 染色体和1条 Y 染色体。人类基因组含有约30亿个 DNA 碱基对，碱基对是以氢键相结合的两个含氮碱基，以胸腺嘧啶（T）、腺嘌呤（A）、胞嘧啶（C）和鸟嘌呤（G）四种碱基排列成碱基序列，其中A与T之间由两个氢键连接，G与C之间由三个氢键连接，碱基对的排列在 DNA 中只能是 A 对 T、G对 C。其中一部分的碱基对组成了20000～25000 个基因。

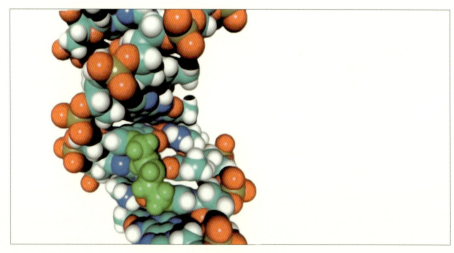

人类基因组 DNA 草图

　　这本大自然写成的"天书"是由代表4 种碱基的4 个字符A、T、C、G按某种还不清楚的方式排成的长约30 亿个碱基对的序列，其中没有断句也没有标点符号，好像一个长密码。原来人们设想，一旦找到这部人类基因的天书，只要逐一翻译成对应的蛋白质并解析其相应的功能，就可以了解人类自己。然而事情远没有这么简单，那一长串"密码"，其中有已知的蛋白质，但更多的是未知的组合，而且不同的排列组合，还会解析出不同的结果，加上体量如此浩繁的序列，不由让人惊叹，到底大自然想告诉我们什么？人们至今还无法完全破解这个密码，对其隐含的大部分内容实在难以读懂。破译这部世界上最巨量信息的"天书"是未来最重要的任务之一，也是生物信息学最重要的课题之一。

虽然这部"天书"让发现它的人们惊喜，然而惊喜之后是更大的困惑。**如何解密这部天书成为人类认识自己，读懂大自然的巨大挑战。研究和解密工作在全球有条不紊地展开，其中数学，特别是密码学，当仁不让地承担起关键的任务。**例如，在全序列中有一些是用于编码蛋白质的序列片段，即由这四个字符组成的64种不同的3字符串，其中大多数用于编码构成蛋白质的20种氨基酸。又例如，在不用于编码蛋白质的序列片段中，A和T的含量特别多些，于是以某些碱基特别丰富作为特征去研究DNA序列的结构也取得了一些结果。此外，利用统计的方法还发现序列的某些片段之间具有相关性，等等。这些发现让人们更加相信，DNA序列中存在着某种结构，研究这种序列的结构对理解DNA全序列是十分有意义的。目前在这项研究中最普遍的思想是省略序列的某些细节，突出特征，然后将其表示成适当的数学对象。这种被称为粗粒化和模型化的方法往往有助于研究规律性和结构。

基因工程

20世纪以来，人类的生物工程获得了长足进步，基因的研究也引发了一项新的工程：基因工程。

基因工程又称基因拼接技术和DNA重组技术，是以分子遗传学为理论基础，以分子生物学和微生物学的现代方法为手段。将不同来源的基因按预先设计的蓝图，在体外构建杂种DNA分子，然后导入活细胞，以改变生物原有的遗传特性，获得新品种、生产新产品。

基因工程现在已取得了很大进展，这至少有两个有力的证明。一是转基因动植物，一是克隆技术。转基因动植物由于植入了新的基因，使得动植物具有了原先没有的全新的性状，这引起了一场农业革命。如今，转基因技术已经开始广泛应用，如抗虫西红柿、生长迅速的鲫鱼等。1997年世界十大科技突破之首是克隆羊的诞生。这只叫"多利"的母绵羊是第一只通过无性繁殖产生的哺乳动物，它完全继承了给予它细胞核的那只母羊的遗传基因。这只克隆羊尽管已经去世，但它的历史地位是不可动摇的。"克隆"一时间成为人们注目的焦点。然而这些似乎让人们担当"上帝"角色，对大自然进行改造的方法也引起了伦理和社会各方面的忧虑。但生物技术的巨大进步使人类对未来的想象有了更广阔的空间。

多利羊：多利满名扬，无爹又少娘，令人当"上帝"，第一克隆羊。

第一只克隆羊多利的标本，周薇摄

种族繁衍和人口模型

如果说遗传基因是种族繁衍的密码，那么从宏观上看，种族繁衍又有什么规律呢？人是地球上最重要的一个种族，也是大自然的一部分，那么人口增长问题就是一个自然问题。然而人还有意识，所以人口问题不仅是一个生物学问题，更是一个经济和社会问题。人们用数学研究这个问题由来已久。随着全球人口增长的速度越来越快，人口每增加10亿的时间，由原来的100多年缩短至十二三年。然而，地球的资源是有限的，因此，认识人口数量变化的规律，做出准确的预报，具有十分重要的意义。

研究人口问题可以从多方面入手，如人口数量、人口地域分布和迁移、人口年龄性别结构等。其中人口数量是比较直接和简单地描述人口状况的变量，这里介绍的数学模型也主要从人口数量和增长率入手刻画人口变化。研究人口增长情况时，与变化率相关的函数导数必将扮演重要角色。变化率与其他因素的关系式就是一个微分方程。所以，人口问题用微分方程的工具来处理是自然的。虽然人数只取整数，但由于讨论的人口数目众多，我们可以认为作为变量的人口数是连续的。研究人口问题，还有历年人口普查所积累的大量数据可以用，这些数据处理所需的统计工具和拟合技巧等也起着重要作用。

人头攒动的街市

马尔萨斯

1798年，英国经济学家和社会学家马尔萨斯（Thomas Robert Malthus，1766—1834）匿名发表了他影响深远并且备受争议的专著《人口原理》。他在这本专著中阐述了研究欧洲百余年人口状况时的发现：单位时间内人口的增加量与当时人口总数是成正比的，并在此基础上他得出了人口按几何级数增加（或按指数增长）的结论。这就是著名的人口指数模型，也叫马尔萨斯模型。这也是第一个人口模型。

假设人口的增长率是常数 ρ，或者说，单位时间内人口的增长量与当时的人口数成正比，比例系数为 ρ。以 $P(t)$ 表示第 t 年时的人口数（由于人口数庞大，可近似将 $P(t)$ 视为连续可微函数）。在初始时刻，即 $t = 0$ 时，人口数为 P_0。

则人口增长模型为：

$$\frac{\mathrm{d}P}{\mathrm{d}t} = \rho P.$$

其初值条件为 $P(0) = P_0$。这个方程称为马尔萨斯人口发展方程。

这是一个一阶线性常微分方程，不难解出，这个方程初值问题的解为

$$P(t) = P_0 e^{\rho t}.$$

可以使用人口历史数据进行拟合，估计模型中的参数 ρ，P_0。令 $M(t) = \ln P(t)$，则 $M(t) = \ln P_0 + \rho t$。这样可以用实际数据对 ρ，$\ln P_0$ 进行线性拟合。

马尔萨斯模型较好地吻合了他那个时代（1790—1900）的数据。他认为，他的模型适用于自然资源丰富充足、没有战争、生活无忧无虑的社会，如当时的美国。这个模型的解告诉我们，人口将按一个指数函数无穷增长。那么，这个结果是不是符合实际情况呢？可不可以用它来预告未来人口呢？事实上，用马尔萨斯模型计算结果与现代的人口资料比较，却发现有很大的差异。从下图中可以看出，模型数据与实际数据在后部已分道扬镳，越差越远。在用此模型预测较遥远的未来地球人口总数时，会发现更令人不可思议的结果。如按此模型计算，到2670年，地球上将有36000亿人口。如果地球表面全是陆地（事实上，地球表面约有71%被水覆盖），我们也只得互相踩着肩膀站成两层了。这个结果非常荒谬。因此，这一模型应该修改。

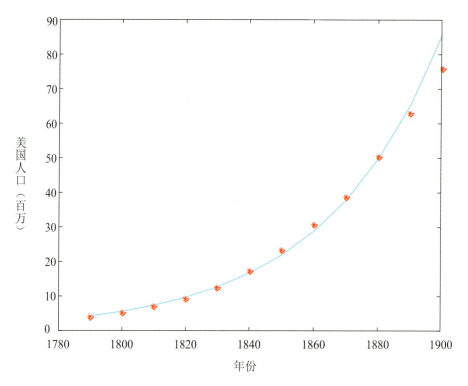

马尔萨斯模型对 1790—1900 年美国人口数据的模拟
（图中蓝线为理论人口，红点星为实际人口）

马尔萨斯指数模型对近代人口数据的拟合越来越差，更谈不上能预测未来的人口。这是什么原因呢？这是因为模型的某些假定没有考虑到发展的因素，已不再合理。这种情况下模型假设应该进行修正。如果认为人口较少时，人口的自然增长率受其他因素约束较小的话，那么当人口增加到一定数量以后，这个增长率就要受到某种约束。事实上，地球上的资源是有限的，只能满足有限的人生活。随着人口的增加，自然资源、生活空间、环境条件等因素对人口增长的限制作用越来越明显。所以人口增长率应该随人口的增加而减小。因此，马尔萨斯模型中关于净增长率为常数的假设需要修改。

1838年，比利时数学家韦吕勒（Verhulst，1804—1849）引入常数 P_m，用来表示自然环境条件下所能容许的最大人口数（这个数可能因国家和地区的不同而不同）。人口净增长率随着 $P(t)$ 的增加而减小，并当 $P(t) \to P_m$ 时，人口增长率趋于零，按此假定建立人口预测模型。这就是著名的人口阻滞增长模型，也称为逻辑模型或 Logistic 模型。

假设人口增长率等于 $\rho[1-P(t)/P_m]$，初始时刻人口数为 P_0。由韦吕勒假定，马尔萨斯模型应改为

$$\begin{cases} \dfrac{\mathrm{d}P}{\mathrm{d}t} = \rho\left(1-\dfrac{P}{P_m}\right)P, \\ P(0) = P_0 \end{cases}$$

该方程的解为

$$P(t) = \frac{P_m}{1+\left(\dfrac{P_m}{P_0}-1\right)\mathrm{e}^{-\rho t}}.$$

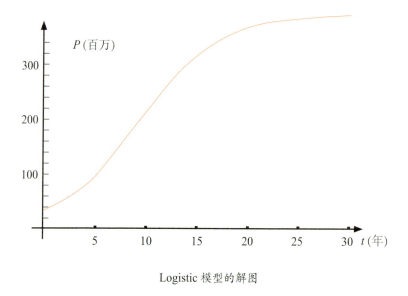

Logistic 模型的解图

用该模型检验美国从1790年到1950年的人口，发现模型计算的结果与实际人口在1930年以前都非常吻合。自1930年以后，误差愈来愈大，一个明显的原因是在20世纪60年代美国的实际人口数已经突破了20世纪初所设的极限人口。由此可见该模型的缺点之一是 P_m 不易确定。事实上，随着一个国家经济的腾飞，它所拥有的物质资源就越丰富，P_m 的值也就越大。此值和经济、科技水平关系密切，也是个变量，要不断调整。

用人口阻滞增长模型可以用来近似预测世界未来人口总数。例如，有生物学家估计，$\rho = 0.029$，又当人口总数为 3.06×10^9 时，人口增长年速率是2%，由人口阻滞增长模型得

$$0.02 = 0.029\left(1 - \frac{3.06 \times 10^9}{P_m}\right).$$

从而得 $P_m = 9.86 \times 10^9$，即世界人口总数极限值近100亿。

用中国1964—2007年的人口数据对人口阻滞增长模型中的参数进行拟合，得到

$$\rho = 5.171\% , \quad P_m = 14.7743（亿）.$$

人口模型可以推广到其他物种的繁衍上，例如细菌、森林、鱼类、鸟类等，只不过对于具体问题需要加上具体的条件。

大自然的和谐境界是
生态平衡

人闲桂花落，夜静春山空。

月出惊山鸟，时鸣春涧中。

——［唐］王维《鸟鸣涧》

风景，作者摄

在我们的地球上，各种生物缤纷绚烂，共同拥有也共同形成了大自然。在这里，各种种群相依相争，形成了一个复杂系统，也促成了大自然的丰富多彩。研究它们之间的关系是一个很有意思也很有挑战性的问题。这个复杂系统里每种生物都是其中的一环，既依赖于大自然也贡献于大自然，使得这个复杂系统发展演化。

这个系统含有许多子系统，如某食物链。所谓食物链指在生态系统中各种生物以其他生物为食物而维持其自身的生命活动的形式，即这种由食物联结起来的链锁关系。这种关系，实际上是太阳能从一种生物转到另一种生物，也即物质能量通过食物链的方式流动和转换的关系。

从数学角度讲，这一定是个多变量的变化问题，最简单的也有两个种群变量。这两个变量之间的关系可以是寄生感染关系，如传染病病菌和感染病病人；可以是捕食和被捕食（如狼和羊）关系，也可以是竞争驱替（如针叶林和阔叶林）关系，还可以是合作（食果动物和产果植物）关系，当然还有一个最重要的关系，这就是人和自然的关系。这些关系可以扩展到更复杂的三个种群变量甚至更多的变量。尽管人们对这些关系有大量的研究成果，然而想清楚地认识这些关系，路程还很遥远。

由于我们更关心的生态状况是一个动态问题，所以用微分方程的方法来描述比较贴切。其思路和人口问题相似，是它的一个拓展，只不过生态问题更关心种群间互相依存、互相争斗的此消彼长，所以一般都是微分方程组的问题。这类问题的求解一般比较困难，好在今天有很好的计算机工具，我们也可以用分析的方法讨论其解的定性。

既然是生态问题，必然涉及出生率、死亡率和增长率的概念。容易理解，
增长率=出生率−死亡率。

我们讨论几种简单的情况。

捕食依赖

一个食物链一般包括几个环节：一些植物、一些以植物为食料的动物和一种或更多的肉食动物。每个生物都是某个或某几个食物链中的一环。食物链中不

同环节的生物其数量相对恒定，保持自然平衡。当某生物灭绝，就很可能造成某食物链的断裂。

草原上的狼和羊

最简单的捕食模型涉及两个变量，即捕食种群和被捕食种群，被捕食种群有时也被称为食物。以狼和羊的模型为例。

假设草原上有两个种群——狼和羊。羊以草为生，狼以羊为生，草地资源无限。羊的自然增长率为一个常数，狼的自然增长率与羊有关，食物丰盛时增长率大，反之则小，食物耗尽将灭种。那么随着时间增长，狼和羊的数量将如何变化?

假设狼和羊的数量分别为 $y(t)$、$x(t)$，羊的自然增长率为 r；狼以羊为生长资源。狼的增长率与羊的多少有关，其最低食物需求量为 A，即这个增长率与 $x-A$ 成正比，比例系数是 α。羊群的减员率和狼群的数量成正比，比例系数为 β。这里，r、A、α、β 为正常数。

羊的生长不受资源限制，就是自然增长率，但其数量除了自然繁殖，还要减去被狼吃掉的数量，而且减员的多少和狼的数量成正比。狼只以羊为生长资源，那么狼的增长率和羊的数量有关，当羊太少，狼就会因为没有充足的食物而减员，甚至绝种。

有了狼群的增长率，狼群的数量满足:

$$\frac{\mathrm{d}y}{\mathrm{d}t} = \alpha y(x-A),$$

而羊群除了自然增长，还有一个被狼吃掉的减员，即：

$$\frac{\mathrm{d}x}{\mathrm{d}t} = x(r - \beta y).$$

这样，我们就得到一个联立方程组，我们把这个方程组称为洛特卡–沃尔泰勒捕食方程。

对这个问题进行求解。虽然狼和羊的种群数都是时间的函数，这类问题直接求出解析解的困难比较大。我们换一个思考方式，其实，我们更关心的是狼和羊之间的此长彼消。所以这个方程组一般可采用相轨面方法求解，即将两个方程除一下，得到

$$\frac{\mathrm{d}y}{\mathrm{d}x} = \frac{\alpha y(x - A)}{x(r - \beta y)},$$

解这个方程，重写得

$$(r - \beta y)\frac{\mathrm{d}y}{y} = \alpha(x - A)\frac{\mathrm{d}x}{x},$$

不难得到方程的通解为：

$$r \ln y - \beta y - \alpha x + A \ln x = C,$$

或者

$$\frac{x^A y^r}{e^{\alpha x + \beta y}} = C,$$

这里C是任意常数。

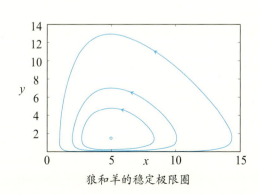

狼和羊的稳定极限圈

再观察狼和羊的两个方程，如果当时间趋于无穷大时，绝对增长率趋于零，我们就得到一个极限点：

$$(\overline{x}, \overline{y}) = (A, r / \beta),$$

这是该问题的唯一平衡解。由计算可见，也可以证明，相轨线根据 C 的不同，是一族以 $(\overline{x}, \overline{y})$ 为心的封闭圈，初始的 $(x_0, y_0) > 0$ 取定后，(x, y) 就沿着过该点的相轨线循环变动，其动向是逆时针的，并且既不会趋零，也不会跑到无穷。

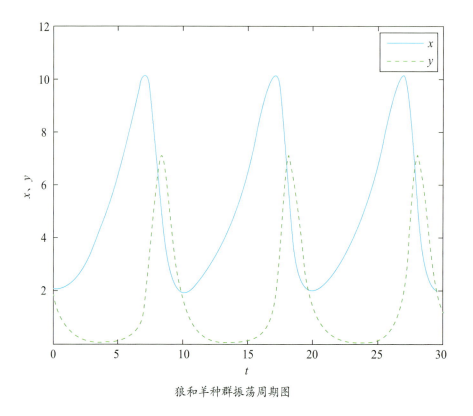

狼和羊种群振荡周期图

但其极端形式是 $C=0$。此时问题的解是 $x=0$，或者 $y=0$。如果是前者，则意味着食物为零，这时捕食者的变化率为负，即捕食种群数不断下降，直至为零，用俗话说就是最后都饿死了；而如果是后者，那么捕食者的变化率为正，最后种群数趋于无穷，用俗话说就是被捕食者没有天敌，最后无限制增长。

这个模型是个简化模型，但却是一个数学模型揭示变化规律的极好例子。有人质疑在实际的捕食系统中，很难观察到物种的振荡周期现象，而且，如果没有天敌，物种数量将趋于无穷也与事实不符。如同人口模型的发展，这说明模型需要改进。

改进模型的步骤，第一步通常是反审假设，看看有什么假设太过松散，远离了实际。在这个问题上，假设草地资源无限，是不符事实的。类似人口阻滞模型，环境对种群是有限制的。同样我们也可以把环境阻滞的因素考虑进来。这样问题就变成一个更一般的形式：

$$\frac{dx}{dt} = r_x x(1 - \frac{\beta y}{N_y} - \frac{x}{N_x}),$$

$$\frac{dy}{dt} = r_y y(-1 + \frac{\alpha x}{N_x} - \frac{y}{N_y}).$$

这里 α、β、r_x、r_y、N_x、N_y 为正常数，N_y、N_x 分别是系统环境中所能容忍的两个物种的最大种群数。我们同样可以通过相轨线进行分析，也可以通过第一节介绍的方法分析平衡点的稳定性。

改进问题有4个平衡点：

$$(0,0), \quad (N_x,0), \quad (0,-N_y), \quad (\frac{N_x(1+\beta)}{1+\alpha\beta}, -\frac{N_y(1-\alpha)}{1+\alpha\beta})$$

根据平衡点的判定方式[1]，我们来计算 p、q 在平衡点上的值（如下页表所示）。

①叶其孝，李正元，王明新，等. 反应扩散方程引论 [M]. 北京：科学出版社，2011.

捕食模型平衡点

平衡点	p	q	稳定性条件
$(0, 0)$	$-r_x+r_y$	$-r_x r_y$	不稳定
$(N_x, 0)$	$r_x+(1-\alpha)r_y$	$(1-\alpha)r_x r_y$	$\alpha<1$
$(0, -N_y)$			不存在
$\left(\dfrac{N_x(1+\beta)}{1+\alpha\beta}, -\dfrac{N_y(1-\alpha)}{1+\alpha\beta}\right)$	$\dfrac{r_x(1+\beta)-r_y(1+\alpha)}{1-\alpha\beta}$	$-\dfrac{r_x r_y(1+\alpha)(1+\beta)}{1-\alpha\beta}$	$\alpha\beta>1$并且 $r_x(1+\beta)>$ $r_y(1+\alpha)$

结果解读

·狼和羊种群最后不太可能全为零；

·当狼对羊依赖的增长系数小于1时，羊最后达到最大值，而狼消亡；当 $\alpha\beta>1$ 和 $r_x(1+\beta)>r_y(1+\alpha)$ 时，狼和羊同存并最后趋向于一个稳定值。

该模型可推广到依赖类的系统。例如经济中某一商品的生产依赖于某具有固定增长率的原料，则无序过度开发将造成资源枯竭而商品无以为继。可推广此模型进行优化安排。

竞争驱替

除了食物链，生物之间还有争夺资源的关系。最简单的是两种生物之间的竞争，用数学刻画这种关系称为竞争模型。

本节的竞争模型以森林里的针叶林和阔叶林为例。一般情况下，阔叶林生长在热带，针叶林生长在寒温带，所以阔叶林一般长得比较快，但随着地域的变化，两林的生长因素也在发生变化。特别是到了在阔叶林和针叶林的混交森林里，针叶林和阔叶林为了争夺有限资源，各展奇招。如针叶林繁殖较快，抢占了大量的土地和水资源，而阔叶林生长较快，以高制胜，占据了主要的空间和阳光。**在竞争中，当某一种群数增加时，另一种群数将会减少。我们可以用数学模型来描述，看看在什么情况下，两树种达到平衡，什么情况下，其中的一个树种被驱替。**

假设针叶林和阔叶林的数量分别为 $x(t)$、$y(t)$，它们的自然增长率分别为 r_x、r_y。我们假定森林容忍它们的最大种群数分别是 N_y、N_x。针叶林和阔叶林的增减分别造成对方种群的减增，交叉影响因子分别为 α、β。这里 r_x、r_y、N_x、N_y、α、β 都是正常数。

森林：针枝驱阔叶，斗楂互争锋，夺取资源烈，神通各展功。

针叶林和阔叶林

由于竞争，种群数此消彼长，加上考虑阻滞模型，阻滞不仅来自自身的种群增长，也来自他群的种群增长，所以，各种群的增长率皆为自然增长率减去己群的增长阻滞和他群的增长阻滞，因而形成一个方程系统。根据分析，结合阻滞模

型，竞争模型为

$$\frac{\mathrm{d}x}{\mathrm{d}t} = r_x x(1 - \frac{\beta y}{N_y} - \frac{x}{N_x}),$$

$$\frac{\mathrm{d}y}{\mathrm{d}t} = r_y y(1 - \frac{\alpha x}{N_x} - \frac{y}{N_y}).$$

模型中，有两个参数与过去的模型不同，也成了这个模型特有的部分，这就是 α、β 参数。

求解平衡解系统

$$\begin{cases} r_x x(1 - \dfrac{\beta y}{N_y} - \dfrac{x}{N_x}) = 0, \\ r_y y(1 - \dfrac{\alpha x}{N_x} - \dfrac{y}{N_y}) = 0. \end{cases}$$

我们得到如下 4 个平衡点：

$$(0,0), \quad (N_x,0), \quad (0,N_y), \quad (\frac{N_x(1-\beta)}{1-\alpha\beta}, \frac{N_y(1-\alpha)}{1-\alpha\beta})$$

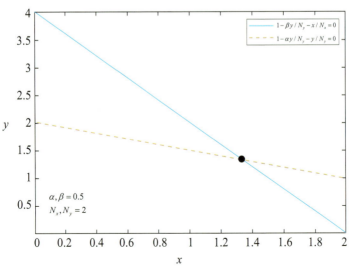

针叶林和阔叶林稳定平衡点图

讨论这些平衡点的稳定性：首先这些平衡点必须在第一象限里才有意义，这个条件对前三个没有影响，或者 α、$\beta <1$ ，或者 α、$\beta >1$ 。如果 α、$\beta = 1$，或 $\alpha\beta = 1$ 这个平衡点将消失（如下表所示）。稳定分析如前。

竞争模型平衡点

平衡点	p	q	稳定性条件
$(0, 0)$	$-r_x - r_y$	$r_x r_y$	不稳定
$(N_x, 0)$	$r_x - r_y(1-\alpha)$	$-(1-\alpha)r_x r_y$	$\alpha >1$，$\beta <1$
$(0, N_y)$	$-r_x(1-\beta)+r_y$	$-(1-\beta)r_x r_y$	$\alpha <1$，$\beta >1$
$\left(\dfrac{N_x(1-\beta)}{1-\alpha\beta}, \dfrac{N_y(1-\alpha)}{1-\alpha\beta}\right)$	$\dfrac{r_x(1-\beta)+r_y(1-\alpha)}{1-\alpha\beta}$	$\dfrac{r_x r_y(1-\alpha)(1-\beta)}{1-\alpha\beta}$	$\alpha <1$，$\beta <1$

从稳定性分析的结果，我们可以看出，交叉系数 α、β 起关键作用。如果针叶林的增长对阔叶林造成的阻滞系数大于1，阔叶林对自己的阻滞系数小于1，则针叶林将阔叶林逐出森林，反之也对。如果它们之间相互的阻滞系数都小于1，则最后竞争的稳定结果是它们互存共生，针叶林和阔叶林各领森林的一片天地。

这个模型可以应用到多种生物的竞争行为中。自然资源有限，几种竞争扩散，最后的结果，或驱逐与被驱逐，或共存分享大自然。

共助共生

在自然界中，种族的共助现象也是非常普遍的，例如食果动物食取植物的果实为生，同时通过粪便把种子散布开来，并为种子的发育成长提供营养。在共助现象中，对方种群的增长有助于自己种群的增长。在这个模型中我们以共生动（植）物为例来讨论。

例如，海葵和小丑鱼。海葵是一种长在水中的食肉动物，属于刺胞动物。海葵有毒刺，保护小丑鱼不受其他鱼类攻击。小丑鱼吃海葵未消化完的残渣，协助其清理身体；或当作海葵捕食其他鱼类的"诱饵"。小丑鱼又被称为海葵鱼，它们并不怕海葵那些有毒的触手，一遇到危险，它们就会立即躲进海葵的保护伞下。但是海葵也有它们的天敌，比如鲽鱼。鲽鱼专吃海葵，这时小丑鱼就会挺身而出，保护海葵的安全，对鲽鱼展开猛烈的攻击。小丑鱼会拣食海葵吃剩的饵料，同时它们也会为海葵除去泥土、其他杂物和寄生虫。海葵还有其他共生动物如小虾、寄居蟹等，如果把海葵的所有共生动物都取走，海葵的活跃性就大大降低，不久就会被其天敌消灭。

共生：互助尤亲密，海葵小丑鱼，你帮俺做事，俺保你安虞。

海葵和共生鱼，作者摄

假设两个共生动（植）物的数量分别为 $y(t)$、$x(t)$，它们的自然增长率分别为 r_x、r_y；环境容忍它们的最大种群数分别是 N_y、N_x。两群的增减有助于对方种群的增减，影响因子分别为 α、β。这里 r_x、r_y、N_x、N_y、α、β 都是正常数。

和竞争模型相反，增长率与对方种群数应该正相关，同样在阻滞模型的框架下，沿用其建模的思想，并将竞争模型中他群前面的负号改为正号。这里又有三种情形：情形 I，两种种群互相优惠却并不依赖对方；情形 II，其中一种种群完全依赖于另一种群，但另一种群得到优惠却并不反依，这时，前一种种群的自然增长率为负，即 $-r_x$；情形 III，两种种群互相依赖，这时，它们的自然增长率都为负，即分别为 $-r_x$，$-r_y$。

由分析，建立数学模型。

情形 I

$$\frac{\mathrm{d}x}{\mathrm{d}t} = r_x x(1 + \frac{\beta y}{N_y} - \frac{x}{N_x}),$$

$$\frac{\mathrm{d}y}{\mathrm{d}t} = r_y y(1 + \frac{\alpha x}{N_x} - \frac{y}{N_y}).$$

情形 II

$$\frac{\mathrm{d}x}{\mathrm{d}t} = r_x x(1 + \frac{\beta y}{N_y} - \frac{x}{N_x}),$$

$$\frac{\mathrm{d}y}{\mathrm{d}t} = r_y y(-1 + \frac{\alpha x}{N_x} - \frac{y}{N_y}).$$

情形 III

$$\frac{\mathrm{d}x}{\mathrm{d}t} = r_x x(-1 + \frac{\beta y}{N_y} - \frac{x}{N_x}),$$

$$\frac{\mathrm{d}y}{\mathrm{d}t} = r_y y(-1 + \frac{\alpha x}{N_x} - \frac{y}{N_y}).$$

如前我们讨论情形I平衡解的稳定性，其平衡点为：

$$(0,0), \quad (N_x,0), \quad (0,N_y), \quad (\frac{N_x(1+\beta)}{1-\alpha\beta}, \frac{N_y(1+\alpha)}{1-\alpha\beta})$$

如前，计算 p、q 来讨论这些平衡解的稳定性（如下表所示）。

共助模型平衡点

平衡点	p	q	稳定性条件
$(0,0)$	$-r_x - r_y$	$r_x r_y$	不稳定
$(N_x, 0)$	$r_x - (1+\alpha) r_y$	$-(1+\alpha) r_x r_y$	不稳定
$(0, N_y)$	$r_y - (1+\beta) r_x$	$-(1+\beta) r_x r_y$	不稳定
$(\frac{N_x(1+\beta)}{1-\alpha\beta}, \frac{N_y(1+\alpha)}{1-\alpha\beta})$	$\frac{r_x(1+\alpha) + r_y(1+\beta)}{1-\alpha\beta}$	$\frac{r_x r_y(1+\alpha)(1+\beta)}{1-\alpha\beta}$	$\alpha\beta < 1$

情形 II 的平衡点为

$$(0,0), \quad (N_x,0), \quad (0,-N_y), \quad (\frac{N_x(1-\beta)}{1-\alpha\beta}, -\frac{N_y(1-\alpha)}{1-\alpha\beta})$$

而情形 III 的平衡点为

$$(0,0), \quad (-N_x,0), \quad (0,-N_y), \quad (-\frac{N_x(1+\beta)}{1-\alpha\beta}, -\frac{N_y(1+\alpha)}{1-\alpha\beta})$$

读者可以沿用前面的方法讨论这些平衡点的稳定性。

结果解读：互不依赖的共生种群不会驱逐对方种群，所以，某种群为零的平衡解都是不稳定的。

人与自然

人是自然这个系统中的一个非常特别的元素，对大自然的影响不仅能动而且巨大。由于人的智慧，人们对大自然的灾难有了很强的防范意识和抵抗能力。然而，随着人口的增长和生活水平的提高，人类对大自然的索求也越来越贪婪，所以对大自然的压力也越来越大，大自然很多负面的反应也越来越强烈。气候变暖，许多种群消失的速度加快，大气、水源和土地污染加剧。这些必然使人类的生存环境变得恶劣，其后果只能由人类自身承担。

例如加拿大冰原，集结了成千上万年的冰原正以每年几百米的速度退缩消融，以此带来海平面上升、生物链断裂等一系列生态问题。这表明气候变暖不仅只停留在我们的感觉上，而是实实在在地影响甚至是威胁着人类的生存状态。

加拿大班夫冰原，作者摄

人与自然是个大课题，很难在这本书里讲清楚。这里只谈两个用数学研究的相关问题。

第一个问题：
大气颗粒屏蔽热辐射的蒙特卡洛模拟

近年来，温室效应和气候变化越来越引起人们关注。恶劣的气候变化严重危害了生态系统的平衡，对人类活动产生深远的影响。例如，全球气温升高、冰川融化、海平面上升等；在一些地区，降水的改变、冰雪的消融改变了当地的水文系统，影响了水源的数量和质量；气候变化也会影响一些动物的生活习性，改变它们生活的地理范围、季节性活动、迁移模式、丰富度和物种间的相互作用；气候变化对人类农作物生产也产生了很大的影响，危害了人类的粮食安全；温室气体过度排放导致的全球变暖正在世界范围内影响着人们的日常生活。

温室效应，又称"花房效应"，是大气保温效应的俗称。大气能使太阳短波辐射到达地面，但地表受热后向外放出的大量长波热辐射线却被大气吸收，这样就使地表与低层大气温度增高，因其作用类似于栽培农作物的温室，故名温室效应。人类活动向大气排放的温室气体，大部分是二氧化碳，那么，如何用数学的方法进行定量分析呢？这个问题可以用蒙特卡洛方法来进行模拟。

太阳的辐射几乎可以完全透射到地表，但地表的热辐射

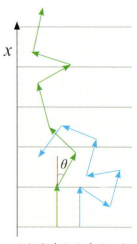

热辐射在大气中被阻挡
示意图

由于大气层的温室效应只有部分可以透过大气层。假定地表热辐射垂直由下端进入大气层，除了大气层中含有的温室气体的吸收作用，大气中的颗粒如PM10、PM2.5和霾对热辐射起到折射和阻挡作用。那么现在的问题是，从地表上的热辐射仅仅受大气中的颗粒和霾的影响，有多少可以穿透大气层？

假设热辐射是垂直地球表面，也就是如示意图所示的下端进入大气层，在大气层中运行一个单位距离，然后碰上一个粒子，任意改变方向，并继续运行一个单位后与另一个粒子相遇。每次相遇，部分热能被损耗，这样下去，如果辐射线在大气层里消耗掉所有的能量或者返回地表面就被视为被大气层屏蔽，产生温室效应；如果辐射穿过大气层由上端逸出就视为辐射释放；如果大气层厚度为H个单位，辐射运行K个单位后即能量耗尽。

这个问题并不复杂，但不容易找到一个解析表达式。而用模拟的方法求解却可以方便地得到满意的结果。

我们给出这个问题的模拟程序。我们关心的是辐射能与粒子相遇后，在x轴方向行进了多少，所以行进方向正负θ的结果是一样的，我们就只考虑θ是正的情形。由于辐射能运行的方向θ是随机的，我们用计算机抽取在0到π间均衡分布的随机数，模拟100万份辐射线在大气层里行进的情形，看看这些辐射线与粒子相遇K次后，有多少达到或超过了大气层的上端。其伪程序代码为：

（1）选择K个（0，1）间匀质随机数；

（2）将这些随机数乘以π后求余弦值，然后记路径累加第i次后数为J_i；

（3）记第i次后的剩余辐射为$F_i=(1-i/K)$；

（4）判断J_i是否小于0；

（5）判断J_i是否大于H；

（6）如果（4）不发生，而（5）发生，计数加F_i；

（7）最后将计数和除以总试验次数得到热辐射穿越大气层的比例。

模拟$K=100$，$H=5$，运行下列程序（1000000次）：

```
N = 1e6;
K= 100;
H=5;
p=0;
for k= 1:N
    t = rand（1，K）；
    x= cumsum（cos（t*pi））；
    a = find（x<0）；
    [b，c]= find（x'>H）；
    if ~isempty（[b，c]）
        if isempty（a）
            p = p +（K-b（1））/K;
        elseif b（1）<a（1）  % not happen in this case
            p= p +（K-b（1））/K;
        end
    end
end
P;
p/N
```

运行结果得出穿出大气层的辐射能约为0.0683%。

这个模拟可以改进。事实上，K 和H 的值可通过实际数据校验；不同的高度，粒子和霾的浓度不同，所以遭遇的概率不同；考虑粒子除了折射还有吸热作用，不同的粒子吸热系数不同。

环境保护的另一个重要方面是防止污染和污染扩散，而刻画扩散现象的有力工具是热传导方程，也叫扩散方程。

第二个问题：污染的扩散和消失

在人类活动中，有时发生环境污染事故，瞬间放出的污染物以事故点为中心向四周扩散，形成一个近似于圆形的污染区域。随着时间推移，这个区域逐渐增大，污染也逐渐变淡，最后完全消失。我们需要建立一个相应的数学模型来描述污染的扩散和消失的过程，并分析消失的时间与哪些因素有关。

事故引起的污染传播可以看成是无穷空间由瞬时点源导致的扩散过程，能够用二阶抛物形偏微分方程描述其浓度的变化规律。整个建模过程应当包括刻画污染浓度的变化规律和仪器辨别污染的描述、污染区域边界的变化过程等。

假设：

（1）将污染事故看作是在空中某一点向四周等强度地瞬时释放污染物，污染总量为 Q，污染在空间扩散，扩散系数为 k；

（2）不考虑高度，不计风力和大地的影响；

（3）污染物的传播遵从扩散定律；

（4）沿着爆炸中心射线有一排测量仪器点，仪器只返回两个值，污染和不污染，即污染值超过某阈值 L 返回污染，否则返回不污染，近似认为测量结果 I 是时间 t 和爆炸半径 r 的两值函数；

（5）污染事故时刻记为 $t=0$，爆炸点为坐标原点，污染浓度记为 $C(r, t)$。

由假设（1）、（2）、（3）和（5），污染浓度 $C(r, t)$ 满足热传导方程的初值问题：

$$\begin{cases} C_t - k^2 \left(C_{rr} + \dfrac{1}{r} C_r \right) = 0, \\ C(r, 0) = Q\delta(0), \end{cases}$$

其中 $\delta(\cdot)$ 为狄拉克函数。

由假设（4）：

$$I(r, t) = \begin{cases} 1, & \text{如果} C(r, t) \geq L, \\ 0, & \text{如果} C(r, t) < L, \end{cases}$$

由偏微分方程的理论，我们可以求出 $C(r, t)$ 的泊松解：

$$C(r, t) = \frac{Q}{2k\sqrt{\pi t}} e^{-r^2/(4k^2 t)} \quad .$$

所以，在（0，0）附近，$C(r, t)$ 将非常大，测量仪器将返回"污染"，而 t 很大或 r 很大时，$C(r, t)$ 将很小，测量仪器将返回"无污染"。所以污染边界为：

$$\frac{Q}{2k\sqrt{\pi t}} e^{-r^2/(4k^2 t)} = L.$$

即

$$r = \sqrt{-(4k^2 t) \ln\left(\frac{2Lk\sqrt{\pi t}}{Q} \right)}.$$

这个解具有显式表达式，而且我们可以通过微积分工具分析，污染达到 L 最远的距离一定满足

$$\frac{\mathrm{d}r}{\mathrm{d}t} = 0,$$

即可解得到达最远的时间 t：

$$t^* = \frac{Q^2}{4L^2 k^2 \pi e}.$$

此时，污染边界达到最远：

$$r^* = k\sqrt{2t^*} = \frac{Q}{L\sqrt{2\pi e}}.$$

对这个解 $r(t)$ 作图如下所示，我们可以看到，污染的区域在（r，t）的平面与横轴形成一个封闭的区域。这样就指导我们如何有效地防范污染，在什么样的区域里进行重点工作。在此图中，取 $L = Q = 1$，而 k 可以通过图形信息反求。

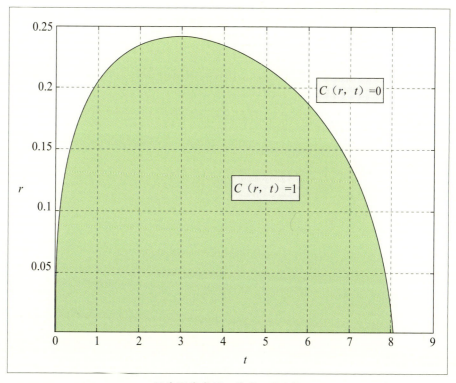

污染区域半径 r 关于 t 的函数

自然也有诡异残酷的一面

烨烨震电，不宁不令。百川沸腾，山冢崒崩。

高岸为谷，深谷为陵。哀今之人，胡憯莫惩。

——《诗经·小雅·十月之交》

大自然中有许多超出平凡人理解的现象，有些已经可以用科学解释，有些还有待解决。例如百慕大海域的神秘失踪、玛雅文化的突然消亡、大西洲的无端消失、法蒂玛圣母显灵疑惑、UFO的不明乱飞、尼斯湖怪的莫名出没，等等。当然关于这些诡异现象的各种版本的传说和神话一直不绝于耳。

大自然也不总是风和日丽的，她也有狰狞恐怖的一面。巨灾往往是巨大能量的聚集和瞬间释放，因此往往具有巨大的摧毁力量，而人们试图通过数学来刻画这些诡异神秘的自然现象的历史由来已久，然而它们都是和极难的非线性奇异数学问题连在一起，大多数情况下，如果可以模拟已经是很大的进步了，准确预报还是很遥远的事。

海市蜃楼

平静的海面、大江江面、湖面、雪原、沙漠或戈壁等地方，偶尔会在空中或"地下"出现绿洲、楼台、城市等幻景，山东蓬莱海面上常出现这种幻景，古人归因于蛟龙之属的蜃吐气而成楼台城郭，因而得名"海市蜃楼"。海市蜃楼，又称蜃景。古人们相信海市蜃楼是仙界"偶尔露峥嵘"来让凡人看到。

　　其实，海市蜃楼的本质是一种光学现象，是光线经过密度不同的气层时，光的折射和全反射而形成虚像的自然现象。其本质是光的折射定律。折射原理已在前面证明。

海市蜃楼：沙漠和洋海，遥方景色奇，并非为幻想，折射是通匙。

海市蜃楼

发生在沙漠里的海市蜃楼，就是太阳光遇到了不同密度的空气而出现的折射现象。沙漠里，白天沙石受太阳炙烤，沙层表面的气温迅速升高。由于空气传热性能差，在无风时，其上空的垂直气温差异非常显著，下热上冷，上层空气密度高，下层空气密度低。当太阳光从密度高的空气层进入密度低的空气层时，光的速度发生了改变，经过光的折射，便将远处的绿洲呈现在人们眼前了。

在海面或江面上，同样道理，有时也会出现这种海市蜃楼的现象。

尼斯湖水怪

尼斯湖是苏格兰高地的一片湖，一直以来都有人看见湖里有无名怪物出没。关于怪物的争论也是一直不休。

尼斯湖：迷茫湖景美，尼怪诡说浓。探索多番紧，于今未实踪。

美丽的尼斯湖

　　关于尼斯湖水怪，人们给它起了个可爱的名字叫尼斯儿（Nissie），尼斯儿是苏格兰尼斯湖的传疑生物。它的形象似蛇颈龙，吸引世界各地的游客前往，也吸引着许多科学家和探险者的目光，数百年来他们进行过多次搜捕行动，均铩羽而归。

　　尼斯湖在英国苏格兰北部，主峰尼维斯山海拔1343米，是英伦三岛上的最高峰。"尼维斯"一词在英语中的意思就是"头顶云彩的山"。山峰上常年云雾缭绕，怪石嶙峋；山中林海茫茫，苍翠的林木盖满了起伏的峰峦。尼斯湖深213~293米，长约39千米，平均宽度为1.6千米（最宽处约2.8千米）。它是淡水湖，终年不冻，适宜于生物饮用，因此，湖中鱼虾众多，水鸟翔集，自然环境优越。

　　早在1500多年前，就开始流传尼斯湖中有巨大怪兽常常出来吞食人畜的故事。目击者说它长颈、圆头，长着大象一样的长鼻，伸出水面1米多高，浑身柔软光滑，有巨大背部，有说是两个背，也有说是3个背；出现时口吐烟雾，溅起的泡沫四处飞溅，使得水面雾气腾腾。各种传说越传越神奇，听来令人生畏。近100多年来，此怪兽像幽灵般时隐时现。有时它突然露出水面，又迅速潜到湖下，在湖面掀起一堆乱浪。

　　自古至今，有不少学者对"尼斯湖水怪之谜"持怀疑甚至完全否定的态度。他们认为，尼斯湖根本就没有什么怪兽，而是一种光的折射现象给人们造成的错觉。有的则认为很可能是在尼斯湖底有一些具有浮力的浆沫石，这些浆沫石在一定的条件下浮上水面随波漂荡。当人们站在湖岸边时，远远望去，由于视觉的错误，往往把奇形怪状的浆沫石误认为是怪兽。

　　但是，许多科学家坚信在尼斯湖中确实存在一种至今尚未被人们查明的怪兽。他们认为，几亿年前，尼斯湖一带原是一片浩瀚的海洋，后来由于地壳运动频繁，经历了多次海陆变迁，才逐渐演变成今天的面貌。因此，很可能有一种尚未被人类认识的远古动物——独特的海栖爬虫类至今仍然生活在尼斯湖里。这只是一种假设和推测，还需要有充分的实物证据和严格的数学推理才能证明，有待科学家今后进一步去深入探索和研究。

　　传说还是事实，这是一个问题。矗立在尼斯湖边的博物馆尼斯湖展览中心试图回答这个问题。博物馆并不大，却是如何科学对待悬疑的最好诠释。博物馆没有卖弄玄虚，也没有妄加断言，而是很严肃而又实事求是地展出了所有可以收集到的关于尼斯湖水怪的照片、目击记录、记载和关于湖里水怪的科学探索活动。信实和信虚双方都有很严肃的科学家，博物馆将双方的观点和证据都一一展列，交给来访者自己判断。随着技术的越来越发达，研究手段也越来越先进。英国人为了弄清楚湖中水怪，先后斥资组织过多次大规模的科学考察活动，博物馆里详细阐述了这些活动的计划、人员、设备、实施方案、预算和结果。参加的人员包括地质学家、生物学家、考古学家、测量学家、物理学家和数学家等，出动了高级科考船，用声呐、红外和摄像等手段把湖底探了个底朝天，结果什么也没发现。湖怪仍是既不能证存也不能证空。然而失败并不能阻挡人们继续探索的脚步。现在还有人在湖面、湖底多处布置了摄像头，24小时联网观察。挫折不就是科学研究必须付出的代价吗？它为以后弄清楚这个问题铺了路，也可以激发孩子们对大自然的兴趣并对普通百姓进行科学普及。

这是一张著名的尼斯湖水怪照片（明信片），人们对它进行翻来覆去的研究

飓风

龙卷风的蒸汽模拟，作者摄

　　每年我们都会听到大量关于台风、飓风和龙卷风的新闻。这种破坏力极大的自然现象在今天由于有了卫星等高科技的观察工具，预报能力大大提高，但我们仍然未完全清楚它形成和移动的原因和规律。

龙卷风

一般地，旋风产生的原因是热空气上升，遇到上空的冷空气，热冷空气交流产生了旋涡，在地球自转的作用下，旋风产生动力前进。如果交流剧烈，旋涡产生强大吸力，周边也产生强大的风力。旋风前行，如果强度超强，按照其强度和地域被称为飓风、台风和龙卷风等灾害性风力。

纳维

在数学上，研究流体力学的历史很长，最有名的可能就是纳维-斯托克斯方程（N-S方程）

$$\rho \frac{\mathrm{d}\vec{v}}{\mathrm{d}t} = -\nabla p + \rho \vec{F} + \mu \Delta \vec{v},$$

这里 ∇ 为哈密顿算子；Δ 是拉普拉斯算子；ρ 是流体密度；p 是压强；$\vec{v}$ 是流体在 t 时刻、在点（x, y, z）处的速度向量，$\vec{F}$ 是外力；常数 μ 是动力黏性系数（动力黏度 μ）。N-S方程概括了黏性不可压缩流体流动的普遍规律，因而在流体力学中具有特殊意义，由纳维（Navier，1785—1836）和斯托克斯（Stokes，1819—1903）建立。这个方程已经渗透到描述流体的方方面面，也在众多实际工程中得到了应用。

斯托克斯

这个方程被誉为改变世界的17个公式之一。但意外的是，这个方程的数学特性——解的存在性和光滑性至今没有得到证明。以数学的观点来看，N-S 方程是一个向量场的非线性偏微分方程，是以牛顿第二运动定律为基础，考虑黏滞性牛顿流体的所有受力，包括压强、黏滞力及外界的体积力的流体运动的关系式。从这个角度看，流体的确极为复杂，包含了紊流、湍流等复杂或不可随机的能量交换过程，因此，要搞清楚灾难旋风的全状态和全过程还需要继续努力。

地震

地震后的废墟

　　地震是地壳快速释放能量过程中造成的振动，并产生地震波的一种自然现象。地球上板块与板块之间相互挤压碰撞，造成板块边沿及板块内部产生错动和破裂，是引起地震的主要原因。

　　地震开始发生的地点称为震源，震源产生的巨大能量通过地震波将能量传播出去，传播过程释放能量，摧毁物体，造成灾害。

　　地震波主要分为两种：表面波和实体波。表面波只在地表传递，实体波能穿越地球内部。实体波分成 P 波和 S 波两种。P 波为一种纵波，在所有地震波中，前进速度最快，也最早抵达。P 波能在固体、液体或气体中传递。S 波是横波，速度仅次于 P 波。S 波只能在固体中传递，无法穿过液态外地核。

利用 P 波和 S 波的传递速度不同，和两者之间的走时差，可做简单的地震定位。考虑震源时间函数、传播算子和散射/衰减算子函数，通过位移谱的组合，可以估计出震源。由于地形的复杂，波的传播过程也可能会产生激波（见下小节），使得灾难加深。

1976年7月28日3时42分53.8秒，在河北省唐山市发生了里氏7.8级地震，地震震中在唐山市开平区越河乡，震中烈度达11度，震源深度12千米。当天18时45分又在滦县发生了7.1级地震，余震持续时间长，衰减过程起伏大。据统计，唐山大地震共造成24.2万多人死亡。2008年5月12日四川汶川发生地震。震级达里氏8.0级、震中烈度达到11度。此次地震的地震波共环绕了地球6圈。地震波及大半个中国及亚洲多个国家和地区，北至辽宁，东至上海，南至泰国、越南，西至巴基斯坦。地震严重破坏地区超过10万平方千米，其中，极重灾区共10个县（市），截至2008年9月18日12时，汶川大地震共造成69227人死亡，374643人受伤，17923人失踪，是唐山大地震后我国伤亡最严重的一次地震。

人们通过数学模型和地震仪器已可以监测到地震的发生，并可评估地震的大小，以及确定震源的位置。但这离地震预报还有很长的路。

海啸

海啸就是由海底地震、火山爆发、海底滑坡或气象变化产生的灾难性海浪。海啸的波速每小时700~800千米，在几小时内就能横过大洋；波长为数百千米，可以传播几千千米而能量损失很小；在茫茫的大洋里波高不足1米，但当到达海岸浅水地带时，波长缩短而波高急剧增高，为数十米，形成含有巨大能量的"水墙"。海啸主要受海底地形、海岸线几何形状及波浪特性的控制，呼啸的海浪水墙每隔数分钟或数十分钟就重复一次，摧毁堤岸，淹没陆地，夺走生命财产，破坏力极大。

例如，2004年12月26日印度洋海啸，此次海啸仅次于1960年智利9.5级大地震引发的海啸，成为史上第二强海啸。截至2005年1月10日为止的统计数据显示，印度洋大地震和海啸已经造成15.6万人死亡，这可能是世界上近200多年来死伤最惨重的海啸灾难。

也许一年一度的钱塘江大潮可以帮助我们理解海啸。与海啸不同，潮汐的原因是月球的吸引力。事实上牛顿发现了万有引力定律之后，法国数学家拉普拉斯（Laplace，1749—1827）从数学上证明潮汐现象是由太阳和月球，主要是月球的引力造成的。所以潮起潮落是有规律的，每年的中秋，潮头最大。虽然潮汐携带着一些能量，但毕竟可控，人们可以考虑建立潮汐发电站。潮汐现象比较壮观的是钱塘潮。钱塘江位于我国浙江省，并于此汇入东海，在它入海口的海潮即为钱塘江大潮，天下闻名，吸引很多游客前来观赏奇景。海潮到来时，开始远处只有一个小白点，转眼变成一缕银线，并伴随着一阵阵闷雷般的潮声，白线翻滚而至。人们几乎来不及反应，汹涌澎湃的潮水已呼啸而来，鸣声如雷，喷珠溅玉，潮峰高3~5米，后浪赶前浪，层层相叠，连成一条长长的白带，排山倒海，势如万马奔腾。唐代诗人刘禹锡在《浪淘沙》一诗中云：

八月涛声吼地来，头高数丈触山回。

须臾却入海门去，卷起沙堆似雪堆。

观潮始于汉魏，盛于唐宋，历经2000余年，已成为当地的习俗。

钱塘江大潮

潮水都受月球引力，为什么钱塘潮最大？那是因为钱塘地区特别的地形在波的传递中压缩了波，造成了波的间断，形成了被称为激波的非线性波。事实上，如果波的传播过程受到干扰或者引起波的物体速度超过波本身的速度都会引起激波，例如超音速飞机，飞机速度超过飞行产生的声音传播速度340米/秒，就会形成音爆。激波会引起强间断，而间断处往往聚集巨大能量。例如一个简单的激波方程

$$\frac{\partial u}{\partial t} - u \frac{\partial u}{\partial x} = 0.$$

波沿着特征线方向传递，特征线方程为

$$\frac{\mathrm{d}x}{\mathrm{d}t} = u.$$

特别地，在 $t=0$ 时，$\left.\dfrac{\mathrm{d}x}{\mathrm{d}t}\right|_{t=0} = u_0(x)$。如果 u_0 是 x 的单增函数，这表示特征线

方向的斜率越来越大，那么波有个压缩的作用。换句话说，这个波把开始获得的能量聚集，波在有限时间里聚到一处，这一处波就发生间断，聚到一起的能量当然是巨大的，位移也是巨大的，这就是大浪。如果波的传播过程遇到障碍，这种间断立即发生，这就是大潮触岸产生的滔天巨浪的原因。

海啸

　　理解了钱塘潮也就大致了解了海啸，海啸的形成同样需要特别的条件。海啸由于地震等原因，携带的能量更大，一旦聚集起的能量被压缩后，其抵达岸边时造成的摧毁力量是可怕的，难以控制的。

火山

　　火山是地球的一种地貌形态，是爆发后由地下熔融物质及其携带的固体碎屑冲出地表后堆积形成的山体。地球地壳之下100~150千米处，有一个称为岩浆的"液态区"，其内存在着高温、高压下含气体挥发成分的熔融状硅酸盐物质。它一旦从地壳薄弱的地段冲出地表，就形成了火山。爆发后不再活动的火山成为死火山，反之是活火山；长期处于相对静止状态，有保存完好的火山锥形态，仍具有火山活动能力却不能断定是否丧失火山活动能力的火山称为休眠火山。火山是炽热地心的窗口。火山拥有地球上最具爆发性的力量，爆发时山崩地裂，熔岩所到之处，所有生命体被吞噬。火山活动时喷出的固体物质中，有被爆破碎了的岩块、碎屑和火山灰等固体，也有熔浆等液体，还有水蒸气和碳、氢、氮、氟、硫等的氧化物气体。除此之外，在火山活动中，还常喷射出可见或不可见的光、电、磁、声和放射性物质等。

火山口：曾是苍穹动，今天满口空，火头何处去，有扇也来风。

西班牙富埃特文图拉岛火山口，作者摄

著名火山——日本富士山，作者摄

曾被火山熔岩淹没的意大利庞贝古城，重见天日的广场后面就是肇事的火山，作者摄

地火，作者摄

　　当然，火山资源可以在旅游、地热和火山岩材料等方面加以利用。火山活动还可以形成多种矿产，最常见的是硫黄矿的形成。陆地喷发的玄武岩，常结晶出自然铜和方解石；海底火山喷发的玄武岩，常可形成规模巨大的铁矿和铜矿。另外，我们熟知的钻石，其形成也和火山有关。玄武岩是分布最广的一种火山岩，同时它又是良好的建筑材料。

　　火山和火分不开。火是大自然中一个极为特别的现象。人类的发展史上火的使用是重要的一步。火是物质燃烧过程中所进行的强烈氧化反应，而且其能量会以光和热的形式释放，此外还会产生大量的生成物。

　　火的可见部分称作焰，可以随着粒子的振动而有不同的形状，在温度足够高时能以等离子体（第四态，类似气体）的形式出现。依燃烧的物质及其纯度不同，火焰的颜色和亮度也会不同。

必须同时有可燃物、够高的热或温度、氧化剂三项才能生火，缺一不可。根据质量守恒定律，火不会使被燃烧物的原子消失，只是通过化学反应转变了被燃烧物的分子形态。火失控时，常常称作失火或火灾。

火是影响全球生态系统的重要因素之一，其具有两面性，其正面影响可以维持各种生态系统以及刺激其成长。人类可用火来烹调、生热、产生信号、照明及推进生产等，而人类学会用火是人类发展中的一个重要标志。火的负面影响包括水体污染、土壤流失、空气污染及对生命财产的危害。而造成全球温度升高的温室效应，其原因之一就是来自燃烧化石燃料产生的二氧化碳。失去控制的火往往成为灾难。

关于火灾，数学可以预判其蔓延的状态，并且已经有很多数学模型。这里我们来建立一个简单的关于火灾蔓延的数学模型。

如果烧毁面积为 $B(t)$，火势以起火点为中心，以均匀速度向四周呈圆形蔓延，蔓延的半径 r 与时间 t 成正比。又面积与 r^2 成正比，故被毁面积与 r^2 成正比，从而 $\dfrac{dB(t)}{dt}$ 与 t 成正比。换句话说，烧毁面积的增率依时间呈线性增长。如果蔓延系数是 a，则在没有控制、燃料充足的前提下，火灾烧毁面积扩散的模型为：

$$\frac{dB(t)}{dt} = at.$$

传染病的扩散蔓延

在人类历史发展中，传染病的发生和蔓延常常造成生命的重大损失，同时带来恐慌、混乱等社会问题。例如19世纪，天花在我国福建地区流行，病死率高达50%。公元前430年至前427年，雅典鼠疫使其近一半人口消亡。1918—1919年，席卷全球的大流感造成了2000万~5000万人丧生。随着人类医学水平和社会管理能力的不断提高，传统的烈性传染病大面积发生的案例越来越少。有些传染病如天花已被人们通过免疫的方式根除。然而，细菌、病毒和寄生虫的潜伏，新病原体的产生和病毒的变异，使传染病的暴发和蔓延以及生化武器和恐怖袭击的阴影仍时时威胁着人们的现代生活。艾滋病、SARS、埃博拉病毒和甲型H1N1流感的发生以及恐怖分子大规模杀伤性生化武器就是例证。即便是没有恶性传染病的发生，每年冬春季节的流感也让人们头疼。2020年初暴发的新冠肺炎疫情让人猝不及防，这具有较强传染性的疫病，是由新型冠状病毒引起的，导致全球人民健康受到了威胁，世界经济也受到了很大影响。

人类研究传染病传播有着较早的历史，他们采用各种数学模型对疾病传播进行分析和预测，系统化地用数学工具对传染病流行规律和发展趋势的建模与定量研究都取得了很多成果。大名鼎鼎的瑞士数学家族最杰出的数学家丹尼尔·伯努利（Daniel Bernoulli，1700—1782）虽然不是第一位数学流行病学家，但不会有人质疑他对这门学科的巨大贡献。尽管人们记住了他在纯数学的代数、微积分、级数理论、微分方程、概率论等方面的贡献以及将这些数学理论应用到流体力学、振动和摆动的物理问题上，但他早期医学博士背景，使他一直关注数学医学问题。在丹尼尔50岁后，他的注意力转向了天花传播问题的数学模型研究上。1760年，他建立并解决了一个天花模型，并以此评估了健康人接种天花病毒疫苗的效果。1906年哈默（Hamer）建立并分析了一个离散时间模型，以了解麻疹疫情的复发情况。1911年，诺贝尔奖获得

丹尼尔·伯努利

者罗斯（Ronald Ross，1857—1932）爵士利用微分方程模型对蚊子与人群之间传播疟疾的动态行为进行了研究，并得到如果将蚊子的数量减少到一个阈值以下，那么疟疾的流行将会得以控制的结论。1927年克马克（Kermack）与麦肯德里克（Mckendrick）为了研究 1665—1666年黑死病和1906年瘟疫在孟买的流行规律，改进了罗斯模型，构造了著名的 K-M 模型，这也就是后来被人熟知的SIR模型。在此模型的分析基础上，他们提出了疾病是否流行的"阈值理论"，为传染病数学模型研究奠定了基础。近几十年来，国际上传染病动力学的研究进展极为迅速，大量的数学模型被用于分析各种各样的传染病问题。各种修正模型也不断涌现，如SIS模型、SISR模型、SEIR模型等。

应对传染病主要是控制传染病的蔓延和治疗传染病病人。如果说后者是个医学问题，那么前者就是一个社会问题。要控制传染病的蔓延，就首先要了解传染病是如何蔓延扩散的？或者说染病人数是如何变化的？何时病人的增加率最大？有了这些认识，人们才能对症下药，采取适当的应对措施，用最有效的方式进行控制。其中，用数学模型刻画传染病的蔓延过程就是回答这些问题的重要步骤。

病毒：病毒微却烈，染疾过人传，医药来疗抗，方程解阻拦。

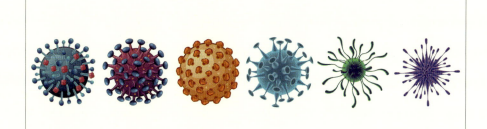

病毒图片

最早的传染病模型是用来评估接种天花疫苗的效果模型，以后众多学者不懈努力进行不断修正。我们这里只介绍3个简单模型（SI模型、SIS模型和SIR模型）。这些模型的建立都是基于一个基本传染机制，即假定病人是通过与他人接触而将病原体传染给他人的。

SI模型　假设：①疫区封闭，即疫区总人数是常数 N，其中病人数在时间 t 时为 $i(t)$，其余人为易感人群，它们皆为连续光滑函数。②在单位时间内一个病人能接触到的人数为定量，记作 k_0，为接触传染率。当然病人接触到的人有病人也有易感人，已经生病的病人不会改变状态，但接触到的易感人会变成病人。病人以其中的占比将接触到的人中的易感人传染成病人。③开始时刻的病人数为 i_0。④不考虑病死。

在这些假设下，病人的增长率就是传染率，也就是说在一小段时间里：

病人的变化=传染率×病人数×时间长度。

而传染率为接触率乘以易感人数在总人口中的比例，即 $1-i(t)/N$。让这个时间段区域为零，我们就得到病人数 $i(t)$ 所满足的常微分方程的初值问题：

$$\begin{cases} \dfrac{\mathrm{d}i(t)}{\mathrm{d}t} = k_0\left(1-\dfrac{i(t)}{N}\right)i(t), \\ i(0) = i_0 \end{cases}$$

这个方程虽然是非线性的，但可以通过微分方程的分离变量法求解[①]，得：

$$i(t) = \dfrac{N}{1+\left(\dfrac{N-i_0}{i_0}\right)e^{-k_0t}}.$$

---

① 姜礼尚，陈亚浙，刘西垣，等．数学物理方程讲义 [M]．3 版．北京：高等教育出版社，2007．

其解的大致图形如下图所示。

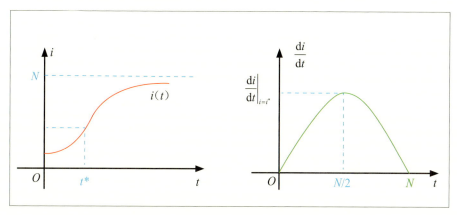

感染人数（左）和感染增长率（右）各与时间的关系

从上图左图中可以看出，病人数始终随着时间单调上升，在某一时刻 t^* 增长率达到最大，然后增速减缓趋于 0 。但随着时间趋于无穷，疫区所有的人都将成为病人。这个模型可以估计病人的增速何时达到最大。为此，对模型的常微分方程求导并令其为 0 ：

$$\frac{d}{dt}\left(\frac{di}{dt}\right) = k_0\left[\frac{di}{dt}\cdot\left(1-\frac{i}{N}\right) + \frac{i}{N}\left(-\frac{di}{dt}\right)\right]$$

$$= k_0^2\left(1-\frac{2i}{N}\right)\left(1-\frac{i}{N}\right)i = 0$$

注意到 $0 < i < N$ ，我们得到当 $i = i^* = \dfrac{N}{2}$ 时，$\dfrac{di}{dt}$ 达到最大。即在病人数达到疫区总人数的一半时，病人数的增加率达到最大。将 i^* 代入方程求解，可以算出

$$t* = \frac{1}{k_0}\ln\left(\frac{N}{i_0}-1\right)$$

SIS模型　在 SI 模型中，模型得到的疫区所有人终将变成病人的结论与事实不符，所以 SI 模型需要改进。在历史上发生过的重大传染病最后总有些人没有被传染上，总有一定比例的人群活下来。传染病来势汹汹，却又很脆弱，一段时间

后就会消失。回顾 SI 的建模过程，我们发现，这个过程忽略了一个重要的因素，即只考虑了传染病传染发威的过程，却没有考虑人本身抗拒传染病的能动性。事实上，并不只是易感人群变成病人，病人也可以被医治好。对不同的传染病，医好的病人可以重新变成易感人或者对该病产生了免疫力。

考虑了这个因素再推广 SI 模型即是 SIS 模型，即病人可以被治愈，但医治好的病人可以再次被感染。红眼病就是这样的病例。

建模之前先假设：①与 SI 模型假设相同；②病人的治愈率为 k_1；③治愈的病人与未得病的人具有同样的可能性被再次染病。

对 SI 模型的改进是考虑了病人治愈的可能性，所以病人的变化不仅由于易感人被传染而增加，也因病人被治愈而减少。传染率与 SI 模型相同，治愈率为 k_1。所以在 SIS 模型里，病人的增加率应该等于传染率减去治愈率。这样，SI 模型的常微分方程的初值问题就被改进成：

$$\begin{cases} \dfrac{\mathrm{d}i(t)}{\mathrm{d}t} = \left[k_0\left(1 - \dfrac{i(t)}{N}\right) - k_1 \right] i(t), \\ i(0) = i_0 \end{cases}$$

这个问题仍然可用分离变量法求解。其解为

$$i(t) = \frac{N(k_0 - k_1)i_0}{i_0 k_0 + \left[N(k_0 - k_1) - i_0 k_0 \right] e^{-(k_0 - k_1)t}}.$$

当然实际问题更为复杂，可以进一步扩展模型，考虑有病死的情形等。模型中的参数可以根据实际数据用数学方法进行拟合。如根据2020年新冠肺炎疫情的实际数据可以找出具体符合新冠肺炎疫情传播规律的模型，从而指导抗"疫"的行动。

SIR模型　是对 SI 模型在另一个方向的推广，即考虑病人可以被医好或病亡，医好的病人具有了免疫力。所以这部分人群或者具有免疫力的人群不再易感或者离世，都不再有被传染的可能性，这样，这部分人群已不再对传染过程有任何贡献，所以这部分人群被称为移出人群，记为治愈人群。如天花就是这样的病例。2020年流行世界的新冠肺炎也近似这种情况。

假设：①与 SI 模型的假定相同；②病人的治愈率为 k_2；③医完病人记为 $r(t)$，不可能再次染病。

SIR模型对 SI 模型的改进是考虑了病人医治好和死亡（记为医完）的可能性，即病人的变化不仅由于易感人被传染而增加，也因病人被医完而减少。传染率为 k_0，治愈率为 k_2。这样，病人的增加率也等于传染率减去治愈率。但医完的病人就不能回到易感人群。所以，在SIR模型的系统里，除了患病人群和易感人群，还有一个治愈人群 $r(t)$（如下页图所示）。这样，SI 模型的常微分方程的初值问题就变成了一个方程组的初值问题：

$$\begin{cases} \dfrac{\mathrm{d}i(t)}{\mathrm{d}t} = k_0 s(t)i(t) - \dfrac{\mathrm{d}r(t)}{\mathrm{d}t}, & i(0) = i_0 \\[2mm] \dfrac{\mathrm{d}r(t)}{\mathrm{d}t} = k_2 i(t), & r(0) = 0 \\[2mm] \dfrac{\mathrm{d}s(t)}{\mathrm{d}t} = -k_0 s(t)i(t), & s(0) = N - i_0 \end{cases}$$

由于 $s(t) + i(t) = N$，上面的方程组可化为：

$$\begin{cases} \dfrac{\mathrm{d}i(t)}{\mathrm{d}t} = [k_0 s(t) - k_2] i(t), & i(0) = i_0 \\[2mm] \dfrac{\mathrm{d}s(t)}{\mathrm{d}t} = -k_0 s(t)i(t), & s(0) = N - i_0 \end{cases}$$

这个方程组难以直接得到解。但可以用相轨分析方法对解进行讨论，或者求助计算机解决问题。

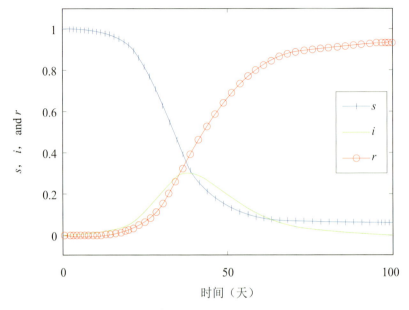

传染过程中，s，i，r 随时间的变化图

对于每一次具体的疫情，我们可以得到数据，从每天的新增病例，每天的离院人数来校验参数 k_0、k_1、k_2。

特别地，我们可以定义一个被称为传染病的阈值的值 σ，对SIS模型

$$\sigma = k_0 / k_1.$$

则有 $\sigma \begin{cases} >1, & \text{传染病蔓延，但病人数最终达到} 1-1/\sigma, \\ \leq 1, & \text{传染病微缩，最终到0。} \end{cases}$ 这表明降低传染率，提高治愈率对控制传染病至关重要。

而对SIR模型来说，情况要复杂些，这时阈值

$$\sigma = k_0 / k_2.$$

病人数 i 关于易感人 s 的关系为

$$\frac{\mathrm{d}i}{\mathrm{d}s} = \frac{1}{\sigma s} - 1, \quad i\big|_{s=s_0} = i_0.$$

其解为

$$i(s) = s_0 + i_0 - s + \frac{1}{\sigma} \ln \frac{s}{s_0},$$

这时，传染病的蔓延不仅和阈值有关，还和 i_0 有关，其关系如下图所示。

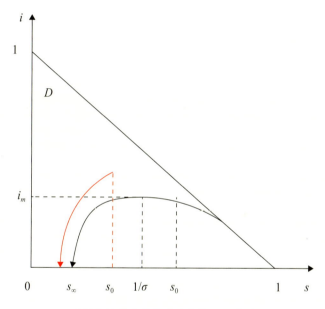

不同初始状态传染病流行情况示意图

这里三角区域里的红、黑线分别是当初值小于$1/\sigma$和大于$1/\sigma$ 时的情形，前者是病人数单调下降到 0 时不蔓延的情形，后者是病人数先增后减并且在达到最大值 i_m后下降到 0，最终的未感染数是 s_∞。也就是说除了降低传染率，提高医好率外，对传染病的控制越早越好。这就对疫情的走向做出一些预报。阈值可以通过下式求得

$$\sigma = \frac{\ln s_\infty - \ln s_0}{s_\infty - s_0}.$$

当然，这个模型仍然是初步的，进一步细化模型，还可以将医完人群中的康复人群和病亡人群分开来，因为医好率和病亡率是不一样的。还有如果考虑潜伏病人，则有比较成熟的模型叫SEIR模型，以及更多的模型修正如考虑重症人群、自愈人群和复发人群等。有兴趣的读者可以去查阅相应的文献，人们在这些方面有很多研究。

人类和流行病、传染病斗争的历史非常长，遭遇也非常频繁，小小的细菌或病毒时不时来捣乱一下人类生活，不说历史上的天花、鼠疫，就说近几年的口蹄疫、埃博拉病毒、甲型H1N1流感，以及2003年的SARS。它们时不时出来嗯瑟一下，不过它们都没有2020年初的新型冠状病毒影响力大、传播速度快。开始人们普遍以为这又是一次小疫情，直至后面暴发才手忙脚乱地应付。数学模型的分析告诉我们，任何一个传染病都有个"阈值"，当染病人群在这个阈值下是很容易被控制的，成本也比较低。而一旦突破这个阈值，扑灭该疫情将会极为困难，人们付出的代价也更大。这个阈值有时也被认为是暴发点。可惜对于新的传染病（如新冠肺炎），人们并不知道阈值在哪。从模型上看，控制传染病最关键的就是降低传染率，提高治愈率，降低病亡率，尽管这些操作经济成本很高。具体地说，就是隔断传染源（隔离、封城）和保证医疗体系不崩溃（新建专有医院、方舱医院，医护保护，各地支援）。

历史上的传染病都是有时长的，这次应该也不例外。人们最终会从疫情中走出来。经过这些战"疫"，人们必须学到一些东西，那就是放下傲慢，放弃奢求，敬畏大自然，和大自然和谐相处，其中数学就是和大自然真诚对话的最好方式之一。

后记

这本书写完后，总感觉意犹未尽，毕竟关于大自然的数学话题很多，有的也很深奥。我自己也有很多问题一直好奇但一直没弄清楚。当然写书的过程是一个很好的学习过程，让我搞清楚了一些问题，并且可以写出来。其实保持好奇心就会有很多的发现，应用数学工具就会揭示更多的奥妙。

书中的很多照片都是我摄的，照相技术一般，照相器材也一般，但我更看重的是画面反映出来的好玩的数学现象。所以在旅行过程中有感觉就拍回来后慢慢整理，而在整理照片时也在想这表现了什么数学？好像在做大自然的功课。但大自然实在太伟大，我的理解太渺小，这本书算是我这些作业的一个小小总结，拿出来和读者交流一下，希望读者不吝指教。

在这本书修改排版期间，一场突如其来的新冠肺炎疫情席卷神州，每天的新增病例和死亡病例不断敲击人心。病毒是新的，也会变异的，据说和野生动物有关，当然也和人类活动有关。这是大自然对人类的警示？笔者不得不宅在家里，却也不得不予以深思。但至少有一点教训我们应该明白：大自然是强大的，人在其面前微不足道。也许我们可以做的就是运用数学和大自然对话，以此更多地理解我们需要和谐相处的大自然。

在这里，我要特别感谢我的朋友姜鹭博士，她是生化专家，她为我的这本书提出了很好的意见，特别对本书中涉及的化学和生物的相关知识做出了专业的审阅和修改，使这本书的科普性得到大大提高。

　　总之，通过这些努力，希望大家和我一起喜欢数学，热爱自然。

　　最后以笔者一首《望海潮·致新年》结束全书。

望海潮·致新年

　　　　纷杂混沌，匆匆漠漠，新年此畔登汀。

　　　　来去恍惚，难分昼夜，仿佛有籁天声。

　　　　难透世幽冥。

　　　　重冬少白雪，霾雾侵澄。

　　　　奈叹蹉跎，梦何崖岸满山青。

　　　　心情整理扶惊。

　　　　更须勤应付，理力唯凭。

　　　　狂索克压，还春绿野，神州乐唱虫鸣。

　　　　葱郁惜苍生。

　　　　寄故人来日，多聚阳晴。

　　　　即便风雨，也是清爽伴君行。

　　　　　　　　　　　　　　　　写于2019年年末

　　　　　　　　　　　　　　　修改于2020年新春

图书在版编目（CIP）数据

大自然是个数学老师 / 梁进著. — 武汉：长江少年儿童出版社，2020.4

ISBN 978-7-5721-0551-7

Ⅰ.①大… Ⅱ.①梁… Ⅲ.①数学课－中小学－课外读物 Ⅳ.① G634.603

中国版本图书馆 CIP 数据核字（2020）第 064654 号

大自然是个数学老师
DAZIRAN SHI GE SHUXUE LAOSHI

出 品 人： 何 龙
责任编辑： 傅 篾 易 力 罗 曼

出版发行： 长江少年儿童出版社
业务电话： （027）87679199
网　　址： http://www.hbcp.com.cn
电子邮件： hbcp@vip.sina.com
承 印 厂： 武汉市卓源印务有限公司
经　　销： 新华书店湖北发行所
印　　张： 10.5
印　　次： 2020 年 5 月第 1 版，2024 年 5 月第 4 次印刷
开　　本： 640 毫米 ×970 毫米　16 开
书　　号： ISBN 978-7-5721-0551-7
定　　价： 48.80 元

本书如有印装质量问题　可向承印厂调换